99

ICARDI • SAHANIN YILDIZLARI
Ahmet Koyuncu

Yayın Yönetmeni: Köksal Şaka
Yayın Koordinatörü: Sibel Erdal
Editör: Bengü Impram
Grafik-Kapak Tasarım: Gökhan Ünlü

ISBN: 978-625-8364-89-7
Yayınevi Sertifika No: 45006

1. Baskı: Haziran 2023

Baskı: Melisa Matbaacılık
Zeytinburnu/İstanbul
Tel: 0212 480 07 75
Matbaa Sertifika No: 45099

PARODİ YAYINLARI
Route İstanbul A-Blok No: 6/15
Bakırköy / İSTANBUL
Tel: 0212 244 05 77
www.parodi.com.tr / info@parodiyayinlari.com
Parodi Yayınları, Mono Kültür Sanat tescilli markasıdır.

ICARDI

Ahmet Koyuncu

Kurgusal bir biyografidir.

AHMET KOYUNCU

Yazar, 1984 yılında İstanbul'da doğdu. Şişli Terakki Vakfı'nda başladığı eğitim hayatı Adnan Menderes Anadolu Lisesi ile devam etti. Lisans ve yüksek lisans eğitimini Bahçeşehir Üniversitesi'nde burslu tamamladı ve yüksek bilgisayar mühendisi olarak mezun oldu.

Okuduğu bölümüyle ilgili bir iş yapmak istemediğini üniversite yıllarında anlayıp hayallerinin peşine düştü. Birçok kurs ve seminere katıldıktan sonra Maç Analizi ve İstatistik Uzmanı olarak kariyerine başladı. Staj döneminden sonra çocukluk aşkı olan, tribünlerinden geldiği Galatasaray Spor Kulübü'nde 2013 yılında göreve başladı. Futbol akademisinde Türk futbolunun genç yıldızlarını yetiştiren ekibin bir parçası oldu. 2021'de ayrıldığı Galatasaray'ı artık eski açıkta tribündeki yerinde tezahüratlarıyla destekliyor. Birçok projede de maç ve istatistik uzmanı olarak çalışmaya devam ediyor.

ÖN SÖZ

'Futbol asla sadece futbol değildir,' sözü boşuna söylenmemiş olsa gerek zira aynı zamanda insanları birleştiren, hayatlarındaki sıkıntıları bir süreliğine de olsa unutturabilen, ayrı dillerle bile anlaşabilmeyi sağlayan doksan dakikalık bir spor şölenidir. Futbolcular için de bu şölenin baş yıldızları demek yanlış olmaz. Golcülerse futbol icat edildiğinden beri bu şölenin en değerli parçaları olarak bilinir. En çok onların formaları satılır, en çok onların posterleri duvarları süsler.

Bu kitabı yazmaktaki amacım genç arkadaşlarıma biraz kurgusal ama bir o kadar da gerçek bir Mauro Icardi portresi sunma arzusudur. Icardi sadece futboluyla değil karakteri ve sempatik tavırlarıyla da Türk halkının gönlünü fethetti, şarkılar söyletti. Yalnızca Galatasaray değil bütün takım taraftarlarının takdirini kazandı. Bu kitabı okurken güzel zaman geçirmeniz, bir yandan da Mauro Icardi hakkında bilgilenmeniz en büyük isteğimdir.

Mauro'nun hayatını okuduğunuzda sevdiğiniz şeylerden asla vazgeçmemeniz gerektiğini anlayacaksınız. Size, "Yapamazsın, başaramazsın," diyenleri mümkün olduğunca hayatınızdan soyutlayın, güzellik arayışınızı kimsenin engellemesine müsaade etmeyin. Dilerim ki okuduklarınız futbol sevginize yoldaş ve destek olur.

Ve son olarak bu kitabı aslında ben değil de içimdeki Galatasaray atkılı, odasında Hagi posterleri asılı çocuk yazdı.

Ahmet Koyuncu

ICARDI'NİN KİMLİĞİ

Adı: Mauro Emanuel Icardi Rivero

Doğum Tarihi: 19 Şubat 1993

Doğum Yeri: Rosario, Arjantin

Boyu: 1,81 m

Mevki: Forvet

Millî Takımı: Arjantin

Oynadığı Kulüpler: Sampdoria, Inter, Paris Saint-Germain, Galatasaray

Güncel Kulübü: Galatasaray

İÇİNDEKİLER

I

BEŞİKTAŞ'TAN KADIKÖY'E UZANAN TANGO

Ocak 2023,
Fenerbahçe Şükrü Saraçoğlu Stadyumu, İstanbul
Fenerbahçe-Galatasaray

Galatasaray'ın bir diğer ezeli rakibi Beşiktaş'a birbirinden nefis iki gol atalı henüz altı maç bile olmamıştı. Ne var ki Mauro Icardi şimdiden taraftarın ve camianın kalbini fethettiğinin farkındaydı. Şimdi de tüm dünyanın yakın takibe aldığı belki en büyük beş derbiden biri olan asıl derbi gelip çatmıştı.

Takım otobüsünde stada doğru giderlerken Kaptan Muslera'ya bir gece öncesinde heyecandan nasıl da uyuyamadığını anlatıyordu.

"Inter-Milan derbilerini bizzat deneyimlemiş bir futbolcusun Mauro, böyle atmosferlere alışkın olduğunu biliyoruz ve sana güveniyoruz," diyerek gülümsedi efsanevi kaleci Muslera.

Dünya kupasının üzerinden henüz bir ay bile geçmemişti. Mauro'nun millî takımı Arjantin, dünyanın en büyük kupasının sahibi olmak için Fransa'yla nefes kesen bir final oynayarak şampiyon olmuş ama Galatasaray'da nefis gollere imza atan yıldız golcü uzun zamandır millî takıma davet edilmemişti. Spekülasyonlara yol açan bu karar pek çok teknik direktörün gelip gitmesine rağmen hiç değişmiyordu. Bunun arkasında kimsenin yüksek sesle söylemek istemediği bazı sebepler olması muhtemeldi ancak Galatasaray'a geldiğinden beri taraftarla bütünleşen Mauro, âdeta ikinci baharını yaşıyor ve açıkçası bunların hiçbirini umursamıyordu.

Dünya Kupası arası verilmişken yaşadığı sakatlık yüzünden tedavi için pek çok kez Arjantin'e gidip gelen yıldız futbolcu, yaklaşık üç haftadır kadroda yer almıyordu. Özel idmanlarla Kadıköy deplasmanına hazırlanmasına rağmen maça yedek kulübesinde başlayacaktı. Onun yerine yıldız forvet adayı, genç takım arkadaşı Barış Alper Yılmaz ilk on birde başlayacaktı.

Teknik Direktör Okan Buruk, kadroyu açıkladıktan sonra soyunma odasında oyuncularına son bir motivasyon konuşması yaptı. Zira Fenerbahçe deplasmanı Galatasaray için her zaman zorlu ve önemli bir sınavdı. Oyuncularının bunu iyice anlamasını istiyordu. Okan Buruk'un kendisi de futbolculuk yıllarında bu deplasmana pek çok kez çıkmıştı ve oyuncularına aktaracağı birçok önemli deneyime sahipti.

Mauro, genç takım arkadaşı Barış Alper'in çok heyecanlı olduğunu fark edince onu, "Sen bu takım için çok önemlisin, yokluğumu aratmayacağına eminim," diyerek motive bile etmişti.

Sayısız başarılar ve kupalar kazanmasına rağmen Sarı Kırmızılılar için Fenerbahçe deplasmanı uzun bir süre kâbuslarını süsleyen bir yer olmayı sürdürmüştü. 23 Şubat 2020'de, Galatasaray efsanesi Fatih Terim yönetiminde Kadıköy'de kazandıkları derbi sonrasındaysa İstanbul sokaklarına sanki şampiyonluk kazanmışlar gibi büyük bir sevinç hâkim olmuştu. Çünkü Galatasaray 1999 senesinden beri ezeli rakibini kendi sahasında yenemiyordu. Ertesi gün atılan gazete manşetlerinin en dikkat çekici olanıysa 7368 gün sonra gelen galibiyet için 'Kadıköy Büyüsü Bozuldu' başlığı olmuştu.

İyi bir sezon geçiren takımının ilk yarıdaki oyunu, Mauro'nun yedek kulübesinde otururken bile sanki bir taraftarmışçasına sevinmesine sebep oluyordu. Ama o bir taraftardan önce futbolcu olduğunu biliyor ve oyuna girmek için âdeta hocasının gözlerinin içine bakıyordu.

Yakın arkadaşı Oliveira'nın golüyle ilk yarıyı önde kapatmışlar, soyunma odasına coşkulu bir havayla girmişlerdi. Takım kaptanlarından millî oyuncu Kerem

Aktürkoğlu ile göz göze gelen Mauro, "İkinci yarı oyuna gireceğim ve Başakşehir maçındaki gibi sana bir gol attıracağım," dedi gülümseyerek.

Her meslek için başarıyı getiren en önemli özelliklerden biri öz güvendir. Ama söz konusu sporcular olduğunda bunun onlar için çok daha önemli bir faktör olduğunu söylemek hiç de yanlış olmaz, özellikle de takımın gol yükünü sırtlayan bir forvet oyuncusuysanız.

Dakikalar 76'yı gösterdiğinde tabela oyuncu değişikliği için kaldırıldı. Genç oyuncu Barış Alper Yılmaz efendiliği ve çalışkan oyunuyla takımına faydalı olsa da skor tabelasına etki edememişti. O çıktıktan sonra maça taraftarın sevgilisi Mauro Icardi girdi ve sadece iki dakika sonra ben verdiğim sözleri her zaman tutarım dercesine Kerem Aktürkoğlu'na gülümseyerek baktı.

Beraberlik golü için baskıyı artıran Fenerbahçe, Galatasaray savunmasını iyice bunaltmıştı. Galatasaray defansının imdadınaysa oyuna girer girmez Mauro yetişti. Takım arkadaşlarına hiçbir zaman yardım etmeyi ihmal etmezdi o. Gol ararken defansı boşlayan Fenerbahçe, Galatasaray'ın kontratağına yakalandı ve Mauro da *al da at* dercesine kaleciyle karşı karşıya kalan Kerem'e nefis bir pas yolladı. Kerem de bu ikramı geri çevirmeyerek topu ağlara gönderdi.

GOLL!

Galatasaray bu golle farkı ikiye çıkarmıştı. Kırk beş bin Fenerbahçe taraftarının önünde şimdi büyük bir sevinç yaşanıyordu. Şampiyonluk yarışındaki en büyük rakiplerine önemli bir darbe vurduklarının farkındaydılar. Kalan süre de Aslanlar'ın skoru korumalarına yetecek gibi görünüyordu ama Mauro Icardi'nin aklında bambaşka fikirler vardı.

Fenerbahçe oyuna başlamadan önce Kerem'e dönüp, "Ben bitti demeden bitmez, asist sırası sende," dedi. Kendi taraftarlarının önünde zor bir duruma düşen Fenerbahçeli futbolcular bütün güçleriyle Galatasaray kalesine gitmeye çalışıyorlardı. Ama dakikalar ilerledikçe güçleriyle birlikte ümitleri de tükenmeye başladı. Takım içinde kaos ve sinir katsayısı arttıkça birtakım hataların da yaşanması kaçınılmaz oldu.

İlk önce oyuna sonradan giren İrfan Can kırmızı kart görerek takımını on kişiye düşürdü. Uzatmaların son saniyelerine gelindiğinde Fenerbahçe forveti Serdar Dursun olmaması gereken bir yerde, birinci bölgede topla buluşup üzerine bir de hatalı geri pas verdiğinde, karşısında böyle bir hatayı asla affetmeyen bir adam olduğunun farkında bile değildi. Zira Mauro'nun fırsatçılığı en önemli özelliklerinden biriydi; imza vuruşu diyebileceğimiz bir tarzla Fenerbahçe kalecisi Altay'ı sol ayağıyla gafil avlayarak topu filelere yolladı.

GOOOOOL!

Beşiktaş'tan sonra Fenerbahçe'ye de golünü atmış, haftalarca süren sakatlıktan sonra efsanevi bir dönüş yapmıştı. Ama zaten Galatasaray'a transfer olduğundan beri hiçbir zaman uyanmak istemeyeceği bir rüyada gibiydi.

Kiralık olarak geldiği Türkiye'de uzun yıllardır arayıp bulamadığı mutluluğa kavuşmuştu. Bu yüzden sezon sonunda şampiyonluk kupasını kaldırarak bu mutluluğunu daha da perçinlemek istiyordu; bu artık onun için mesleki bir hedeften çok daha fazlasıydı.

Mauro Icardi, Fenerbahçe'ye gol atarak tabiri caizse artık 'Gerçek Galatasaraylı' olmuştu.

"Mutsuz insanlar başkalarını dinleyenlerdir.
Ben her zaman kendimi dinledim ve
bundan hiç pişman olmadım."

2

BİR YAZ RÜYASI

Haziran 2002, Kanarya Adaları, İspanya

Maçın bitimine artık saniyeler kalmıştı. Koca bir ulus âdeta nefeslerini tutmuş, işini gücünü bırakıp televizyonlara kilitlenmişti. Topla buluşan Mauro, beş kişiyi çalımlayıp ceza sahasına girmiş fakat kaleci tarafından düşürülmüştü. Arjantin de böylelikle bir son dakika penaltısı kazanmıştı.

Topun başına geçen Mauro tüm ülkenin hayalini iliklerine kadar hissediyordu. Omuzlarındaki bu yükten kurtulmak için yapması gereken tek şey topu filelerle kavuşturmaktı. Penaltı atışı sırasında geçen on-on beş saniye bile saatler sürmüş gibi hissettirmişti. Zaman burada işlemiyordu sanki; Mauro bu golü atarsa Arjantin, Dünya Kupası'nın sahibi olacaktı.

Hakem düdüğünü çaldı ve Mauro kaleciyle göz göze geldi, kalecinin dikkatini dağıtmak için akıl oyunları oynuyordu. Kalbinin yerinden çıkacakmış gibi attığı o anda kaleci sağa, top da sol köşeye gitti.

GOL!!!

Arjantin dünya şampiyonu, Mauro Icardi de Arjantin'in kahramanı olmuştu. Kupayı kaldırmak üzere yürümeye başlamıştı ki annesi Analia'nın, "Haydi, uyan artık Mauro," dediğini duyar gibi oldu.

Küçük Mauro her şeyin bir rüya olduğuna inanmak istemiyordu.

"Neden anne, neden biraz daha uyumama izin vermedin, kupayı kaldırmak üzereydim," diyerek sızlana sızlana uyandı.

"Onun da zamanı gelecek oğlum, sen sadece sıkı çalışmaya bak, hayat bahanelere sığınanlar için çok zalimdir," dedi babası Juan da.

Küçük Icardi yüzünü yıkayıp hemen sofraya oturdu. Rüyasında gördüğü hayatı elde etmek için her şeyi yapmaya hazırdı.

Babasının her zaman söylediği şey artık kafasında yer etmişti: "Mauro, benim bu hayatta yapamadığımı sen yapmalısın. Senin kaderinde bu var."

Babası Juan gençken her Arjantinli gibi Maradona'nın büyüsüne kapıldığından futbolcu olmak istemiş ama başaramamıştı. Mauro da bu yükü sırtlamıştı ve bunun için çalışıyordu; babasının hayalini yaşamalı ve yaşatmalıydı.

Arjantin'de ekonomik sıkıntılar artık baş edilemez duruma gelince Juan Icardi, ailesi için Kanarya Adaları'nda bir restoranda iş bulmuştu.

Doğup büyüdüğü Arjantin'den Kanarya Adaları'na taşınmalarının üzerinden çok zaman geçmemişti. Mauro hâlâ yeni evine alışmaya çalışıyordu.

Maddi durumları eskiden beri pek parlak değildi. Zaten yıldız futbolcuların sahip oldukları en bariz özelliklerden biri de hep zor şartlarda büyümeleri olmuştur.

Kanarya Adaları'na taşındıklarında babası ilk iş olarak oğlu için yeni bir takım araştırmaya başlamıştı. İçine sinecek bir takım bulduğunda da altyapı sorumlusuna oğlunun çok başarılı olduğunu anlatmış, idmana çıkması için bir şans vermeleri konusunda ısrar etmiş ve bu ısrarları karşılık bulmuştu. Böylece bir efsanenin filizlenmesi için doğru toprak bulunmuştu.

Mauro kahvaltısını bitirip doğruca idmana gidecekti. Yeni evine alışmaya çalıştığı gibi yeni takımına da alışmak zorundaydı. Henüz dokuz yaşında bir çocuk için hayatında pek çok değişim yaşanıyor, en çok da Arjantin'deki arkadaşlarını özlüyordu.

Las Palmas'ın Unión Deportiva Vecindario takımının idmanlarına bugün başlayacaktı. O gün hayatının nasıl da değişebileceğinin henüz farkında değildi.

Altyapı antrenörü, Mauro'yu deneme idmanında izlediğinde diğerlerinden çok farklı olduğunu anlamıştı. Ne kadar haklı olduğunu da gelecek ispat edecekti. Zira Mauro kulüpte geçireceği altı senede beş yüzden fazla gol atarak birçok yetenek avcısının radarına girmeyi başaracaktı.

"Sadece yeteneklerine güvenerek ilerleyemezsin Mauro, takım oyununa ayak uydurmalısın, topsuz oyunu da hakkıyla oynadığında hayal ettiğin yerlerde olacaksın. Bugün izleyeceğin maçtaki idolün Gabriel Batistuta gibi olma potansiyeline sahipsin," diyerek motive etti antrenörü Mauro'yu. İlerleyen dönemlerde hemen hemen her idmandan sonra onunla özel olarak ilgilenerek onun en büyük yardımcısı olacaktı.

Dünyanın en kıymetli mesleklerinden biridir altyapı antrenörlüğü. Umut vadedenlerin hayatlarına dokunurlar ama asla ön planda olmazlar, çok para kazanamadıkları gibi çoğu kimse de onları tanımaz. Bir tohumu alıp eker, sular, büyütür ve sabırla ilgilenir; çiçek açtığındaysa çektikleri bütün zahmet yerini büyük bir mutluluğa bırakır.

Bugün ailesiyle beraber Arjantin'in Dünya Kupası açılış maçını seyredeceklerini biliyordu antrenörü. Bu yüzden de Mauro'nun Arjantin efsanesi, dönemin büyük golcüsü Batistuta'yı örnek almasını, onu çok iyi izlemesini istiyordu. Mauro da o gece gördüğü rüyanın evrenden gelen bir mesaj olduğuna kendisini ikna etmişti. Büyüyecekti; kendini geliştirecek, güçlenecek ve Batistuta gibi millî takımıyla Dünya Kupası'nda goller atacaktı.

İdmandan koşa koşa eve döndüğünde annesi onu, "Hoş geldin golcü, rüyanı böldüğüm için bana hâlâ kızgın mısın?" diyerek karşıladı.

"Hayır, alt tarafı sadece bir rüyaydı, ben bu rüyayı zaten gerçekleştireceğim," diyerek tebessümle cevap verdi Mauro da.

Öz güveni daha küçük yaşlarda bile çok yüksekti. Zaten oynadığı pozisyonun en büyük düşmanı öz güven eksikliğidir. Bir golcü yeteneklerini çalışkanlık ve öz güvenle birleştirdiğinde durdurulamaz bir gol makinesine dönüşür. Ve Icardi için de ileride bu tanımı kullanmak abartılı olmayacaktı.

Odasına girdiğinde dolabını açtı ve 'Maradona' formasını çıkardı. Şüphesiz sadece ülkesinin değil dünyanın görüp görebileceği en büyük futbolculardan biriydi Maradona.

Babası da işten erken çıkmış ve ailece maçı izlemek için televizyonun karşısına geçmişlerdi. Heyecanla bekledikleri maç başladığında Ortega, Batistuta, Zanetti ve diğer futbolcular şimdi teker teker sahaya çıkıyordu. Arjantin açılış maçında tam bir yıldızlar geçidi gibiydi.

İlk maçlar her zaman zor olurdu ama Nijerya'nın Arjantin'e karşı şansı olmadığı konusunda herkes hemfikirdi. İlk yarı sona erdiğindeyse takım beklemediği bir zorlukla karşılaşmıştı.

"Hâlâ gol atamadılar çünkü senin gibi bir forvetleri yok," diyerek oğlunu güldürmeye çalıştı babası Juan.

Formasını çıkarıp ters giyen Mauro da, "Şansımızın döneceğini biliyorum," dedi.

Dakikalar 63'ü gösterdiğinde Batistuta, Arjantin'i 1-0 öne geçirdi ve maç bu skorla tamamlandı. Mauro için rüya gibi bir gündü ama Arjantin turnuvanın ilerleyen günlerinde yalnızca dört puan toplayabilecek ve Dünya Kupası'ndan elenecekti.

Ne var ki 2 Haziran 2002 tarihi Mauro için hep özel kalacaktı çünkü o gün rüyasını gerçekleştirmeye karar verdiği gündü.

rasán
U.D. VECINDARIO
SANTA LUCIA

3

BARCELONA'DA BİR ARJANTİNLİ

Temmuz 2008, Barcelona, İspanya

"Nasıl hissediyorsun, Mauro? Muhteşem bir duygu olmalı bu. Dünyanın en büyük kulüplerinden birine gidiyorsun. Senin yerinde olmayı çok isterdim, zirveye doğru ilerliyorsun," dedi kardeşi heyecanla.

Mauro için Unión Deportiva Vecindario günleri o kadar iyi geçmişti ki artık Las Palmas'a sığamıyordu. Çoktan dünya devlerinin radarına girmişti ve her maçına büyük kulüplerin yetenek avcıları geliyordu. Arsenal, Liverpool ve Real Madrid gibi büyük takımlar onu istiyordu. Her geçen gün seçenekleri çoğalıyor ve ailece en doğru kararı vermek istiyorlardı. İşi gerçekten çok zordu ama bu, hayatın tatlı zorluklarından biriydi.

Genç Mauro'nun şansı yaver gitti ve kendisine reddedemeyeceği bir teklif daha geldi. Dünya devi Barcelona onu istiyordu; artık geriye kalan seçenekleri elemek onun için çok daha kolaydı. Teklif geldiği andan beri evde tam bir bayram havası esiyordu.

Takım arkadaşları teklifi duyunca Mauro kadar sevindiler. Beraber oynadıkları takım arkadaşlarının devler sahnesine yolculuğu kuşkusuz hepsi için sıra dışı bir durumdu. Ama Mauro'nun takımın en iyi oyuncusu olduğunun da farkındaydılar. İdmandan sonra onu omuzlarına aldıklarında antrenörünün gözlerindeki ışıltı onunla ne kadar gurur duyduğunu anlamaya yetiyordu.

Neler yapabileceğini kanıtlamasına rağmen teknik direktörünü her maçta yeniden şaşırtmayı başarabiliyordu. İmza vuruşu diyebileceğimiz bir son vuruş becerisine sahipti. Yıllardır her maçta sergilediği hünerleri, bu mütevazı takımı farklı noktalara taşımıştı.

"Hatırlıyor musun Mauro, eskiden hep, 'Hayır baba, idmana gitmek istemiyorum, televizyon seyretmek istiyorum,' derdin seni Arjantin'deki o idmanlara götürmeden önce," dedi babası. "Umarım seni zorladığım için artık mutlusundur oğlum," diye de ekledi ardından.

Mauro güldü. "Hakkını vermeliyim baba, ilk başladığımda buralara gelebileceğimi hiç tahmin edemezdim, tembellik yapmama izin vermediğin için teşekkürler."

Mauro henüz beş yaşındayken Arjantin'in Sarratea

adlı kasaba takımında ilk kez meşin yuvarlakla buluşmuştu. Futbola karşı öyle büyük bir ilgisi yoktu, daha çok babasının zorlamasıyla oynuyordu. Ama zamanla futbolu çok sevdi ve gol attıkça da oynamayı daha çok istedi. Hayatta hiçbir şey onu gol atmak kadar keyiflendirmiyordu. Ve attığı goller Barcelona yetkililerini de keyiflendirince onu büyülü şehirlerine davet ettiler. Böylece 'O Cañito' lakabını kazanacağı Katalonya günleri başlamış oldu.

Barcelona Futbol Akademisi yani La Masia, o kadar uzun zamandır dünyanın en iyi futbolcularını yetiştiriyordu ki vasat bir oyuncuya orada yer yoktu. Kendisi gibi Arjantin'in Rosario şehrinde doğan Messi'yle aynı kulüpte oynama fırsatı onu çok mutlu ediyordu. Soluduğu havanın bile farklı olduğunu hissediyordu.

"Burada başka bir atmosfer mi var, başım dönüyor," dedi babasına.

"Heyecan iyi bir şeydir ama seni ele geçirmesine izin verme. Onu yakıtın gibi düşün, o senden beslenmesin, sen ondan beslen oğlum," diye cevapladı babası.

Kariyeri boyunca Mauro bu nasihati aklından çıkarmayacaktı.

La Masia gerçekten de çok farklı bir yerdi. Geniş imkânları, her türden konuya yardımcı personeli ve eşsiz bir eğitim fırsatı vardı burada. Mauro ve ailesini hayallerine kavuşturma potansiyeline sahipti. Dünyanın dört bir köşesinde yetenekli oyucuları keşfeden ekipleri ve detaylı çalışma ağlarıyla inanılmaz bir iş yapıyorlardı. En ücra şehirlere giderek küçük yaştaki bir yıldız adayını keşfediyorlar ve onu büyük takımlarına kazandırıyorlardı. Mauro içinse uzaklara gitmelerine gerek kalmamıştı. O zaten bir elmas gibi parıldıyordu. Onu fark etmemek neredeyse imkânsızdı.

Mauro'yu ilk defa izleyen bir yetenek avcısı onun hakkında şöyle yazmıştı: "Günün birinde yıldız olması için Barcelona Akademisi'nde oynaması yeterli olacak, derhâl transferi için çalışmaları başlatın, onu Real Madrid'in almasına izin veremeyiz."

Mauro'nun peşinde Barcelona'nın ezeli rakibi Real Madrid de vardı. İki takımın da büyüklüğünü anlatmaya kelimeler yetmez. Real Madrid istediği her oyuncuyu alırken Barcelona daha çok kendi altyapısına güveniyordu. Büyük paralar harcayıp yüksek bütçeli oyuncularla bir takım kurmaktansa kendi akademilerinde yetiştirdikleri yıldız adaylarıyla yollarına devam etmek öncelikli tercihleriydi.

Icardi'nin 2011 senesine kadar sürecek olan Barcelona macerası, ilk iki sezonda yalnızca 17 yaş altı takımda oynayarak geçti. Birçok gol atmasına rağmen içinde oraya ait olmadığına dair bir his oluşmuştu ve bundan bir türlü kurtulamıyordu.

Aslında gayet başarılı bir sezon geçiriyordu. Hatta

kulübün La Masia gençlik futbol akademisinde gelinebilecek en son aşama olan 'Juvenil B' takımına kadar çıkmıştı; o artık profesyonel bir futbolcuydu. Bu platformda attığı 18 golle takımını şampiyonluğa bile taşımıştı. Ama bu bile onu A takıma taşımaya yetmedi.

La Masia birçok yıldız futbolcu yetiştirmesine rağmen kendine özgü bir futbol felsefesine ve kültürüne sahipti. Mauro'nun çok yetenekli olması, attığı goller ve kazandırdığı maçlar dahi onun için yeterli olmayacaktı. Barcelona başrolünde Pep Guardiola ve Lionel Messi gibi isimlerle farklı bir futbol kültürü inşa ediyordu. Barcelona'nın oyun tercihi olan sahte dokuz sisteminin Icardi'ye uymadığına karar verildi ve Guardiola bunu sebep göstererek Icardi'ye başka bir takım bulmasını söyledi.

Mauro kendini ispat etmeye çalışmaktan çok yorulmuştu; artık geri planda kalmak istemiyordu. Kariyeri hakkında başka planları vardı ve bunun için de risk alması gerektiğini biliyordu. Barcelona'daki üçüncü sezonunda, 19 yaş altı takımın önemli bir parçasıyken İspanya'yla yollarını ayırma kararı aldı.

"Biliyorum buna çok şaşıracaksınız ama bir planım var, sadece bana güvenin," dedi ailesine. Sezon sonunu da beklemek istemiyordu.

2011 ocak ayında İtalya soğuk bir güne uyanmışken İtalyan basınında Icardi haberleri yayılmaya başladı.

Sampdoria takımı sezonun kalan bölümü için onu Barcelona'dan kiralamıştı. Artık Mauro'nun Barcelona'yla yarım kalan bir hikâyesi vardı.

"Bir gün tekrar görüşeceğiz," dedi İtalya uçuşuna hazırlanırken. Böylece Sampdoria günleri için geri sayım başlamıştı.

4

L'ITALIANO (CENOVA PRENSİ)

Ocak 2011, Cenova, İtalya

Artık çocukluk yılları geride kalmıştı ve İtalya'da yeni bir maceraya başlayacaktı. On sekiz yaşının verdiği heyecanla bu döneminin kariyerinde bir dönüm noktası olmasını istiyordu. Üstelik şimdi kariyer basamaklarını hızla tırmanan genç bir futbolcuydu. Yaşıtları belki şehir dışına bile adım atmamışken o üçüncü kez yaşadığı ülkeyi değiştirmişti. Arjantin'deki çocukluk arkadaşları yakında onu televizyon kanallarında seyredip gururlanacaktı.

"Biliyorum, hissediyorum, bu sefer her şey bambaşka olacak. Herkese Mauro Icardi'nin kim olduğunu göstereceğim," dedi babasına.

"Bu sadece başlangıç, senin dünyanın en büyük kulüplerinde oynayacağını daha çocukken biliyordum," diye yanıtladı oğluyla gurur duyan babası.

Bir yandan espressosunu yudumlarken bir yandan da Cenova sokaklarını süzüyordu. İtalya'ya ilk görüşte âşık olmuştu; yemekleri, sokakları, müzeleri ve müzikleriyle her ayrıntısıyla kendini oraya ait hissetmişti. Hatta buranın pizzasını öyle çok sevmişti ki kilo almaktan korkuyordu. Daha önceden yedikleri böylesine lezzetli değildi.

"Senin yeteneğine öyle güveniyorum ki bu güveni pizza sevgin dışında hiçbir şey sarsamaz," demişti babası gülerek.

Pizza sevgisi bir yana Mauro'nun asıl tutkusu her zaman futbol olmuştu. Ve kendine burada bir yer edinmesi için, İtalya'daki herkesin Mauro Icardi ismini öğrenmesi için tek yapması gerekenin gol atmak olduğunu biliyordu; çok fazla gol, kafayla, sağ ayakla, sol ayakla, durmadan gol atmalıydı.

Onu Barcelona'dan transfer eden yeni antrenörü henüz çoğu kişinin fark etmediği çok özel bir yetenekle çalışacağını biliyordu. Tek endişesi altı aylığına kiralanmış olan Mauro için bu sürenin yetersiz kalacak olmasıydı. Yine de bu altı ayda Mauro'nun hemen hemen herkesi büyüleyeceğine o kadar güveniyordu ki kulüp başkanıyla bu konuda iddiaya bile girmişti. Icardi'nin babasıyla aralarında geçen konuşmayı başkanla şöyle paylaşmıştı: "Nerede ve kiminle oynuyor olursa olsun, daha çok genç olmasına rağmen gol atmanın yolunu hep buldu. Sanki Tanrı onu bunun için yaratmış."

Mauro, Barcelona'da sekteye uğrayan kariyeri için çalışmaya devam ediyordu. Babası da ona hep aynı şeyi söylüyordu: "Sen bunun için doğmuşsun Mauro, bu yolda düşüp kalkacak ama hep ilerleyeceksin."

Mütevazı bir İtalyan kulübü olan Sampdoria geçmiş günlerini arayan köklü bir takımdı. İkinci Dünya Savaşı'nın hemen ardından 1946 yılında kurulmuştu. Cenova'daki en büyük rakibi Genoa ile şehri âdeta ikiye bölen bir rekabetleri vardı. Şehrin doğu yakası Genoa'yı desteklerken batı yakası da Sampdoria'yı destekliyordu. Derby della Lanterna yani Cenova Derbisi olarak bilinen bu futbol şöleni her futbolcunun gol atmak isteyeceği türden bir karşılaşmaydı.

İlk transfer olduğunda teknik direktörü onu bu maç hakkında bilgilendirmişti. "Bu maçta golünü at ve Cenova halkının rüyalarında başrol ol Mauro," demişti iddialı bir şekilde.

Serie A'nın büyük takımlarının arasından sıyrılıp 1990 senesinde şampiyon olduklarında Mauro henüz dünyaya bile gelmemişti. Bir sezon öncesinde de zamanın büyük Avrupa turnuvalarından biri olan Kupa Galipleri Kupası'nı kazanıp Cenovalıları sokaklara döktüklerinden bu yanaysa yirmi sene geçmişti.

Mauro gelmeden önce kötü bir sezon geçirmişler, üstelik de küme düşmüşlerdi. Bu gidişatı değiştirmek için genç yıldız adayları arıyorlardı. Ve Mauro'yu dört yüz bin avroluk satın alma opsiyonuyla kiraladıklarında ikinci ligden ait oldukları birinci lige çıkmak için uğraşıyorlardı.

Devre arası kiralık olarak geldiği bu kulüpte A takıma alışmak için ilk dönemlerde genç takımla birlikte idmanlara çıkan Mauro her gün canını dişine takarak çalışıyordu. En iyilerden olmak için yeteneklerine güvenmekle yetinmemesi gerektiğinin oldum olası farkındaydı.

Hem vücuduna hem de performansına o kadar dikkat etmeye karar vermişti ki çok sevdiği pizzayı sadece gol attığı maçlardan sonra yemeye başlamıştı. Kendi kendine verdiği bu söz anne ve babasının da çok hoşuna gitmişti. On sekiz yaşındaki bu gencin sahip olduğu disiplin ve irade ileride nasıl bir adam olacağının göstergesiydi.

Bir gün genç takımla çıktığı maçtan eve gelmişti, çok yorgun ve açtı. Gol atamadığı bir maçtı ama o yine de pizza sipariş etmişti. Babası arabayı park ettikten sonra eve girerken elinde pizzayla kapıda duran kuryeyi görünce çok şaşırmıştı.

"Neler oluyor Mauro, sanırım şeytana uymaya karar verdin, yoksa ben gol attığını görmediğim başka bir maç mı seyrettim?" diye sordu.

"Sadece hak ettiğim kadarını yiyeceğim, merak etme

baba," diye yanıtladı Mauro gülümseyerek.

Söz konusu maçta üç kişiyi çalımlayıp kaleciyi de geçmesine rağmen açısı daraldığı için gol pasını arkadaşına vermişti. Ve bu asistin de bir parça pizza hak ettiğini düşünüyordu. Yetenekli ve çalışkan olmasının yanı sıra böyle muzip bir yönü de vardı. Sahada hem kendisini hem takım arkadaşlarını hem de teknik direktörünü eğlendirirdi. Cenova günleri oldukça neşeli geçiyordu.

Ama şimdi o gün gelip çatmıştı. Genç takımda gösterdiği performansla nihayet A takım kadrosunda şans bulmuştu. Heyecandan eli ayağı titriyordu. 98 numaralı forma o güne kadar Cenovalılar için pek bir şey ifade etmiyordu. Fakat Mauro bu durumu değiştirmeye kararlıydı.

Sampdoria birinci lige dönmek için çok kritik maçlar oynuyordu. Ve gol yolunda da bu genç Arjantinlinin büyüsüne ihtiyaç duymuşlardı. Ama Teknik Direktör Giuseppe Iachini ilk on birde yalnızca tecrübeli isimlere yer verdiği için Mauro da yedek kulübesinde oturuyor ve sahada olsa neler yapabileceğini hayal ediyordu. Futbol karakterine yön veren en önemli özelliği de hayal etmeyi hiç bırakmamasıydı.

Juve Stabia deplasmanındaki maç epey zorlu geçiyordu. 1-1 devam eden maçın skoru Sampdoria için yeterli değildi. Ne olursa olsun bir gole daha ihtiyaçları vardı. Yardımcı antrenör, yedek kulübesine yaklaşıp, "Mauro ısınmaya git ve oyuna girdiğinde bizi büyüle," dedi.

İşte beklediği, kendisini göstereceği o an gelmişti; adını İtalya'ya duyurmak için tek yapması gereken en iyi bildiği şeyi sergilemesi olacaktı.

Dakika 75 olduğunda Fornaroli'nin yerine oyuna girdi ve dakika 84'te, İtalya'da çıktığı ilk profesyonel maçında ilk golünü atarak topu ağlarla buluşturdu. On sekiz yaşındaki Mauro, sadece dokuz dakikada Sampdoria taraftarına galibiyeti armağan etmişti. Takımı yeniden Serie A'ya yükselirken Mauro da herkesin gönlünde taht kurmuştu.

Oyunda olduğu bu kısa süre hem başkana hem futbol camiasına hem de taraftara fazlasıyla yetmişti. Sezon sonu Sampdoria gibi küçük ama köklü bir kulüp için önemli bir para olan dört yüz bin avro Barcelona'ya ödendiğinde Mauro artık bu kulübün oyuncusu olmuştu. Kiralık oynadığı dönemde bile İspanya'ya dönmeyi aklının ucundan bile geçirmeyen Mauro bunun için gerekeni yapmıştı.

2012-2013 sezonu geldiğinde 98 numaralı formayla Sampdoria taraftarını âdeta büyülemiş, yirmi dört maçta on gol atıp iki de asist yapmayı başarmıştı. İlk maçı Roma deplasmanı olsa da zihinlere kazındığı performansı bu kulübe ilk geldiğinde, kendisine ne kadar önemli olduğu anlatılan Genoa maçıydı. 12 Kasım'da Serie A'daki ilk golünü doğu yakasının takımı olan Genoa karşısında atmıştı.

Cenova şehrinin artık yeni bir prensi vardı. Ama prens olmak Mauro'nun ilgisini çekmiyordu; o, kral olmaya karar vermişti. Sadece Cenova'nın değil İtalya'nın kralı.

5

TORİNO FATİHİ

Ocak 2013, Allianz Stadyumu, Torino, İtalya
Juventus-Sampdoria

İlerleyen günlerde Mauro için İtalya macerasının en özel ayrıntılarından biri, o sezonu şampiyon olarak tamamlayacak olan Juventus'a karşı gösterdiği performans olacaktı.

Bütün şehir hafta boyu tek yürek olup bu maçı beklemişti. Böyle büyük maçlar her oyuncu için büyük motivasyon kaynağıdır. Hele Icardi gibi ispat edecek çok şeyi olan genç bir futbolcu için bulunmaz bir fırsattı. Daha bir sezon önce genç takım için oynayan bir futbolcuyken bir anda yeni takımının değişmez forvet oyuncusu olmuştu.

Takımın tecrübeli isimlerinden Citadin Martins yorucu bir idmanın ardından soyunma odasına yönelmiş, tam o sırada da bir arkadaşının sahada hâlâ çalışmaya devam ettiğini fark etmişti. Çok yorgun olmasına rağmen yine de sahaya geri dönüp, "Maça biraz enerjinin kalması gerektiğinin umarım farkındasındır Mauro," diyerek topu istemişti.

Mauro da, "Merak etme Citadin, üç maç üst üste oynayacak kadar motivasyonum var, bu ligin en formda takımıyla her hafta oynama fırsatımız yok. İyi olmak yetmez, mükemmel olmalıyım," demişti hırslı bir şekilde.

Arkadaşını yalnız bırakmak istemeyen Martins hesapta olmayan bu idmanda ona eşlik etmişti. Odasından oyuncularını izleyen teknik direktör, oyuncularının istekli olmasından çok memnundu. Ligde istedikleri yerde olmadıklarını biliyordu ama büyük bir takıma karşı alınabilecek olumlu bir skor, gidişatı pekâlâ değiştirebilirdi.

Mauro bundan sadece iki ay önce Cenova derbisinde Genoa takımına son dakika golünü atarak taraftarın sevgilisi olmuştu. Maçtan sonra kutlamada kendisi gibi Arjantinli olan kaleci Sergio Romero, "Bu performansını istikrarlı hâle getirirsen Arjantin millî takımının değişmez oyuncusu olursun," diyerek ona moral vermişti. Mauro bunu zaten biliyordu, hayallerinin en tepesine yerleştirmişti bu hedefi.

Derbilerde gol atmak her futbolcu için çok özeldir. İşte bu Juventus maçı da onu büyüklerin sahnesine çıkarabilecek kapasitede bir maçtı.

O sezon kaptan Buffon öncülüğündeki Juventus; Pirlo, Pogba, Anelka gibi yıldızlarla lige damga vuran oyuncularıyla beraber efsanevi Teknik Direktör Antonio Conte yönetiminde durdurulamaz bir makine gibiydi. Bu yüzden de ligden düşmeme mücadelesi veren Sampdoria karşısında sorun yaşayacaklarını akıllarının ucundan bile geçirmiyorlardı. 6 Ocak 2013 tarihine kadar Mauro Icardi, Conte'nin çok fazla önlem almayı düşündüğü bir isim değildi belki de. Ama o, Conte'nin kâbuslarına girmeyi haftalar önce planlamıştı.

Mauro maç sabahı çok erken kalkmıştı. Açıkçası büyük maçlardan önce heyecandan iyi uyuyamazdı. Ama bu onun için problem değildi; daha önce babasının da söylediği gibi heyecanı onun yakıtıydı.

Erkenden Torino'da kamp yaptıkları otelin lobisine indi ve yürüyüş yapıp temiz hava almak için kapıya yöneldi. Lobide onun gibi erkenden uyanmış biri daha vardı. Kahvesini yudumlarken maç analizlerine ve stratejilerine çalışan Teknik Direktör Rossi, Mauro'yu görünce, "Bu saatte burada ne işin var? Arkadaşların henüz yataklarından yeni kalkıyor olmalılar," dedi şaşkınlıkla.

"Bir dakika bile geç kalmaktansa bir saat erken gelmeyi tercih ederim patron," diyerek gülümsedi Icardi. Hayatını etkileyecek günlerden birinin tek bir anını dahi kaçırmak istemiyordu.

2013 yılına gireli daha bir hafta bile olmamıştı ama tatilin rehaveti hâlâ sürüyor gibiydi. Buz gibi bir Torino gününde Sampdoria takım otobüsü taraftarın yoğun uğultuları arasında Serie A'nın en zor deplasmanlarından sayılabilecek Allianz Stadyumu'na giriş yapmıştı. Yıllarca Delle Alpi Stadı'nda nice başarılar yaşamış Juventus yeni stadında da taraftarların yoğun ilgisine sahipti. Lig başladığından beri kendi sahasında oynadığı dokuz maçın sekizini kazanmıştı. Ama bu istatistik birkaç saat sonra değişecekti.

Sahaya çıkan iki takımın arasında maddi bakımdan çok büyük fark vardı. Kariyerinin zirvesini yaşayan Juventuslu Pirlo, sezonun en formda isimlerindendi. Ama Juventus kalecisi maç başlarken başına bu kadar bela açacak birinin elini sıktığını bilmiyordu. O Cañito, efsane kalecinin yeni yıl başlangıcını zehir edecekti.

Tahmin edileceği şekilde maç Juventus'un yoğun baskısıyla başladı. Mauro ileride çok yalnız kalıyordu. Ama bunun için takımını suçlayamazdı. Planları kalabalık bir şekilde defans yapıp ilk yarıyı gol yemeden tamamlamaktı. Büyük olasılıkla bu maç hiç oynanmadan berabere kalmış kabul edilip bir puan vereceğiz deseler Sampdoria teknik direktörü hazine bulmuş gibi sevinirdi.

Gelgelelim ilk yarının ortasında Sampdoria defansında Berardi anlık bir zamanlama hatası yaptı ve penaltıya sebep oldu. Böylece maçın ilk yarısı Juventus'un penaltı golüyle 1-0'lık skorla tamamlandı. Berardi ise takımını kırmızı kart görerek yalnız bırakmıştı.

Soyunma odasına şimdi sessizlik hâkimdi. Bu kadar formda bir takıma karşı rakip sahada geri dönmek gerçekten zor olacaktı.

Mauro bir anda oturduğu yerden kalktı ve "İlk yarı beni dinlendirdiniz, bütün enerjimi ikinci devreye sakladım. 45 dakikamız var ve 11'e 10 oynuyoruz. Nasılsa bizim çoktan maçı bıraktığımızı düşünecekler; neden ailelerimize, taraftarlarımıza bir yeni yıl hediyesi vermiyoruz," dedi kendine özgü muzip ifadesiyle.

Kaptan da Mauro'yu destekledi ve "Haydi beyler, onlara hiç unutamayacakları bir gün yaşatalım," dedi.

İkinci yarı sahada bambaşka bir Sampdoria vardı. Eksik oynamalarına rağmen âdeta 11'e 11 oynar gibi yürekten mücadele ediyorlardı. Devre arası konuşmalarının bir takım için ne kadar önemli olduğunu gösteren müsabakalardandı.

Dakika 53'te orta sahadan gelen uzun bir topla buluşan Mauro, iki Juventus defans oyuncusunu âdeta uyutarak onları geçti. Buffon'un kalesinden biraz ileride olduğunu görür görmez köşeye sert bir şut çekip golünü attı. Şimdi skor dengelenmişti.

Juventuslu oyuncular hâlâ kendilerinden emindi.

Buffon arkadaşlarını motive etmeye çalışıyor, "Haydi, siz şampiyonsunuz, taraftarımız arkamızda, hata yapmayalım!" diye bağırıyordu.

Ama Icardi'nin hesap tahtasında başka bir senaryo yazıyordu. Dakika 70'i gösterdiğinde belki de sezonun en güzel gollerinden biriyle Buffon'u avladı ve takımına galibiyeti armağan etti. Bu gol belki de Sampdoria'nın lig sıralamasını çok etkilemeyecekti ama Mauro'nun dünyadaki en değerli golcüler listesinde bir yeri olmasını sağlayacaktı.

Maç bittiğinde Buffon tüm centilmenliğiyle ona yaklaştı ve "Sen bu ligin en iyisi olabilirsin, tebrik ederim," diyerek omzunu sıktı. Bu, Mauro için büyük bir gururdu.

Bu maçtan sadece üç hafta sonra Pescara filelerine dört gol birden atmayı başaran Mauro için parti tüm hızıyla devam ediyordu. Ligin son maçında şampiyonluğu garantileyen Juventus'a karşı 2-2 giden maçta Icardi'nin galibiyeti getiren golüyle 3-2'lik bir skor elde ettiler. Böylece lig şampiyonu Juventus'u hem Torino'da hem de Cenova'da sürpriz bir şekilde mağlup eden Sampdoria büyük bir başarıya imza atmış oldu.

Bu maç belki de Icardi'nin Sampdoria macerasının sonu olacaktı zira herkesin farkında olduğu gibi artık Cenova'ya sığamıyordu.

6

9 NUMARA

Eylül 2013, Giuseppe Meazza Stadı, Milano, İtalya
Inter-Juventus

Finali olmayan bir yolculuğa daha çıkmıştı Mauro, arka planda olmak, yardımcı rolü oynamak mizacına uygun değildi. Sırf bu yüzden dünya devi Barcelona'dan ayrılmış ve orta sınıf bir takım olan Sampdoria'ya transfer olmuştu.

Planı tam istediği gibi ilerliyordu. Kendisini zirveye taşıyacak coğrafyayı bulmuştu. Spor ya da sanat gibi kendine has niteliği olan dallarda sadece küçük bir kıvılcım yaratmak için birtakım anlara ihtiyaç duyarsınız. Mauro da İspanya'nın devinde yakalayamadığı o iç huzuru, İtalya'da bulmuştu. Kendi yazdığı hikâyesinde başrol olmak için artık bir duvarı daha yıkıp geçmişti.

Çok hararetli pazarlıklarla geçen bir transfer döneminden sonra İtalya'nın köklü kulüplerinden Inter,

Mauro Icardi'yi 11,7 milyon avroya Sampdoria'dan transfer etti. O dönem için çok yüksek bir ücret olması Mauro'nun artık birinci sınıf futbolcular listesine girdiğinin kanıtıydı.

Anlaşma tamamlandığı gibi heyecanla babasını aradı. "Bunu duymaya hazır mısın? Söylenenlere göre İtalya'nın en iyi pizzacıları Milano'daymış," dedi ve kahkahayı bastı.

"Milano'da gidebileceğin iki takım var, Kırmızılar mı Maviler mi?" diye sordu babası merakla.

"En sevdiğim rengin ne olduğunu bilmiyor musun baba? Kesinlikle kırmızı değil," dedi yine kendine has muzip bir tavırla.

Daha önce hiç büyük bir şehirde yaşamamış yirmi yaşında genç bir adam için Milano rüyalarının vücut bulmuş hâliydi. Modanın başkenti olarak anılan şehrin aslında bambaşka bir yönü daha vardı. Bu da dünyanın sayılı derbilerinden biri olarak anılan Inter ve Milan arasındaki ezeli rekabetti.

Mauro, transfer olduğu gibi basının da ilgi odağı olmuştu. Verdiği ilk röportajda, "Rüyalarım gerçek oldu, gerçekten çok heyecanlıyım, çok fazla teklif vardı ama ben diğerlerini düşünmedim bile," diyerek kulüple daha baştan özel bir bağ kurmuştu. O artık siyah maviler demek olan 'Nerazzurri'nin bir parçasıydı; Inter kulübünün çarklarından biri olmuştu.

Hayallerindeki liste teker teker gerçekleşiyordu. İdolü olarak gördüğü çocukluk kahramanı Gabriel Batistuta'nın yıllar önce oynadığı kulüpte sıra şimdi ona gelmişti.

"Arjantin'deki küçük evimizde Batistuta'nın posterlerine bakarak uyurdun, şimdi onun 9 numaralı formasını giyeceksin. Seninle gurur duyuyoruz Mauro," dedi telefonda kardeşi. Çok fazla görüşme fırsatları olmasa da kardeşleri Mauro'nun hep yanındaydı. Ailesinin gururuydu o.

Bir röportajında, "Batistuta'yı izleyerek büyüdüm, onu ilk kez televizyonda seyrettiğimde yerimden kalkamamıştım, diğerlerinden farklı bir seviyedeydi, erişilmesi mümkün değildi," demişti. Bu yüzden Serie A'da onun yarattığı gibi bir etki istiyordu.

Futbolu az çok anlayan herkesin bildiği gibi nice efsanelerin layık görüldüğü 9 numaralı forma birçok takım için özel bir anlam taşır. Pek çok tecrübeli oyuncuyu kadrosunda bulunduran Inter de daha yolun başında olan yirmi yaşındaki Mauro'ya hiç düşünmeden 9 numaralı formayı teslim ederek oyuncusuna ne kadar güvendiğini belli etmişti.

Mauro ilk idmanı için kulüp tesislerinin kapısından girdiği anda ortamdan çok etkilenmişti. Barcelona gibi büyük bir kulüpte bulunsa da A takımda oynama fırsatını hiç yakalayamamıştı.

Teknik Direktör Walter Mazzari ile buluşup takım arkadaşlarıyla tanışacaktı önce. Walter Mazzari onu takımında ısrarla görmek isteyen isimdi. Geçen sezon Juventus karşısında sergilediği performanstan sonra transfer listesinin başına Mauro'yu yazmıştı. Geçen sezon ligi istediği gibi bitiremeyen Inter, yoluna Andrea Stramaccioni'yle devam etmek yerine Mazzari ile anlaştığında Icardi de onun olmazsa olmazlarından biriydi.

Takımın tecrübeli isimlerinden Rodrigo Palacio ve Diego Milito, Mauro'yu görür görmez onu Arjantin'e özgü bir şekilde karşıladılar. Mauro gibi forvet olarak oynayan bu Arjantinliler takımlarında kendi vatanlarından birini görmekten dolayı çok mutluydular.

Artık otuz dört yaşına gelen kulüp efsanesi Milito, "Ben burada Şampiyonlar Ligi'ni de yaşadım, lig şampiyonluğunu da tattım. Yavaş yavaş burada yazdığım hikâyemin sonuna geliyorum. Şimdi senin sıran Mauro; performansını izledim, her kupayı kazanabilecek kapasiteye sahipsin," diyerek genç futbolcuya moral verdi.

Takımda kendi memleketinden tecrübeli golcülerin bulunması Mauro'yu çok memnun etmişti. Onlardan öğrenecek çok şeyi vardı. Eto'o, Ronaldo gibi yaşayan efsanelerin giydiği 9 numaralı formayı otuz beş bin taraftarın önünde giymek için sadece biraz daha sabretmesi gerekiyordu.

Milano sokakları keyifli bir yaz geçiriyordu. Mauro sıkı çalıştığı yaz kampından dönmüş ve ilk görüşte âşık olduğu Milano'ya alışmaya çalışıyordu. Cenova'da taraftarların yoğun ilgisine sahip olduğu büyük bir şöhreti vardı; sokakta yürümekte bile zorlanırdı.

Milano'daysa henüz böyle bir durum yaşamamıştı. Ne de olsa burası çok büyük bir şehirdi ve Mauro daha onlar için gollerini atmaya başlamamıştı. O an kendi kendine bir söz verdi. Seneye bu zamanlarda Piazza del Duomo'da bambaşka bir yürüyüş yapacaktı.

Bir restorana girmek üzereyken Inter forması giyen çocuklardan biri, "Mauro, bizim için de Buffon'a gol atacaksın, değil mi? Geçen sene mükemmel bir gol atmıştın," diyerek bağırdı.

Mauro kahkahayı bastı, muhtemelen henüz okul çağına bile gelmemiş bu çocuğun futbolu böylesine yakından takip etmesi çok hoşuna gitmişti. *Futbolun güzelliği de işte bu*, diye düşündü. O da bu çocuğun yaşlarındayken böyleydi.

"Gol atacağıma söz veremem ama emin olabilirsin ki o golü atmak için sahada canla başla savaşacağım. İstersen şimdilik formanı imzalayabilirim," dedi Mauro.

Etraftaki insanlar onun bu mütevazı ve ilgili tavrından oldukça etkilenmişti. Bir anda Icardi'nin etrafı Milano halkıyla sarıldı. O zaman anladı ki bu kalabalığı kendine çekmesi için bir seneye ihtiyacı yoktu, kendisi gibi olması yeterdi. Ait olduğu yerde oynadığına o gün emin oldu.

İlk maçına iki hafta önce Genoa karşısında çıkan Mauro, formayı süresiz kapması için daha fazla çalışması gerektiğini anlamıştı. Zira çok büyük oyuncularla aynı takımda oynuyordu. Giuseppe Meazza Stadyumu'na ilk ısınmaya çıktığında taraftarların coşkusu karşısında başı dönmüştü. Onu ilk kez tribünlere çağırdıklarında beş yaşındaki Mauro'nun heyecanıyla koştu taraftarlara.

Yedek olarak başlasa da 0-0 devam eden maçta hocası galibiyet golünü atması için onu oyuna almıştı. Arjantinli forvet Palacio, Mauro oyuna girince, "Çift forvete dönüyoruz, stoperleri bana alan yaratmak için kendi üzerine çek. Haydi bakalım görelim seni," dedi. Mauro, Palacio'nun bu dediğini hiç düşünmeden yerine getirdi. Belki gol atamadı ama onun son dakika golü atmasına yardımcı olmuştu.

Hem ligin hem de Mauro'nun ilk maçını Inter, 2-0 kazanmıştı. Mauro mutlu olsa da bu mutluluk ona yetmiyordu. O her maçın yıldızı olmak istiyordu.

Ligin ikinci maçına yine yedek kulübesinde başlamıştı. Oyuna girmediği maçta takımı Inter, deplasmanda Catania'yı çok rahat mağlup etmişti. Mauro sabırlı olması gerektiğini bilse de gençliğinin verdiği telaşla arada kafası karışmıyor değildi. Sampdoria'nın vazgeçilmeziyken burada aynı konumu yakalamasının zor olduğunu düşünmeye başladı.

Bu maçı da kazandıktan sonra takım ikide iki yapmanın coşkusunu yaşıyordu. Sezona yeni teknik direktörleriyle inanılmaz bir başlangıç yapmışlardı. Takım otobüsünde Mauro'nun burukluğunu fark eden Palacio, onu sadece tecrübeli futbolcuların oturduğu otobüsün arka sırasına çağırdı.

"Sorun nedir Mauro? Neredeyse Catania takım otobüsünde olduğunu düşüneceğim," dedi gülümseyerek. O günkü golleri takımdaki Arjantinliler Alvarez ve Palacio atmıştı.

"Gol atamayan tek Arjantinlinin ben olduğumu düşünmek beni biraz üzdü sadece, sanırım takımda yer bulmak için daha fazla zamana ihtiyacım var," dedi.

"Senin de sıran gelecek ve golünü atacaksın, hem de fazlasıyla. Bunu hepimiz biliyoruz," dedi inançlı bir şekilde.

Mauro söz verdiği o küçük çocuğu hatırladı. Çünkü bir sonraki hafta kendi evlerinde Juventuslu Buffon'a karşı oynayacaklardı. *Kendimi bu hafta idmanlarda göstermeliyim,* dedi içinden.

Hafta boyunca idmanlardan sonra bile ekstra çalışmıştı. Stadyum hıncahınç dolmuşken 14 Eylül 2013 günü sımsıcak bir Milano akşamında Juventus için soğuk rüzgârlar estirmek istiyordu. Ne var ki Mazzarri kadroyu açıkladığında yine yedekte olduğunu duyunca üzülmüş ama yine de içindeki umudu diri tutmuştu.

Maçın ilk yarısında gol gelmemiş, taraftarlar kendi sahalarında galibiyeti kazanmak için iyice sabırsızlanmaya başlamıştı. Mauro, Mazzarri'ye baktığında oyuna gireceğini anlamıştı. Hem de böyle kritik bir dakikada hocasının, derbinin gidişatını değiştirmek için ilk tercihi olmuştu.

68. dakikada oyuna girdiğinde Buffon onu gördüğüne hiç memnun olmamıştı çünkü genç Mauro, geçen sezon kolay kolay gol yemeyen kaleciye üç gol atmayı başarmıştı. İlerleyen dakikalarda Buffon bu endişesinde haklı olduğunu anladı zira Mauro 72. dakikada topla daha ilk buluşmasında topu filelere yollamıştı. İşte beklenen golü yine o atmıştı! Maç 1-1 sonuçlansa da bu, Icardi'nin mutluluğunu hiç azaltmamıştı.

188 resmî maça çıkıp 111 gol atacağı Inter kariyerinde verdiği sözü yerine getirip yine bir Juventus golüyle skor defterini açmıştı.

Artık Milano'nun yeni bir 9 numarası vardı, ilk golünü atmıştı ama bu son olmayacaktı.

IRELL

7

KRALLIK YARIŞI

Mayıs 2015,
Giuseppe Meazza Stadı, Milano, İtalya
Inter-Empoli

Tribünler iğne atsan yere düşmeyecek şekilde dopdoluydu. Festivali andıran bir hava hâkimdi tüm stada. Taraftarlar geçen sezon ligi istediği yerde bitiremedikleri için mutsuz olabilirlerdi ama artık onların içine su serpen, tribünleri doldurmalarını sağlayan yeni bir etken vardı. Genç golcüleri Mauro Icardi şampiyonluk hayallerini yeniden yeşertmiş, golleriyle taraftarını gülümsetmişti.

Mayısın son günü kendi sahalarında Empoli ile oynayacaklardı. Maçın kazanılıp kaybedilmesi ligdeki sıralamalarına çok etki etmese de bütün takımın tek bir motivasyonu vardı. Çünkü bu sezon Verona'nın otuz sekiz yaşındaki tecrübeli forveti Luca Toni'yle Mauro

Icardi kıyasıya bir gol krallığı mücadelesi veriyordu.

Parlak bir futbolculuk hayatına sahip olan Luca Toni artık kariyerinin sonuna gelmişti ve futbolu bırakmadan önce son kez alacağı o gol krallığı tacını çok istiyordu. Önündeki tek engelse yirmi iki yaşındaki Arjantinli bir gençti. Mauro eğer bu maçta en az iki gol atarsa gol krallığını paylaşmış olacaklardı.

Takım arkadaşları şampiyonluk yarışında geri kalmış olsalar da büyük bir hırsla oynuyorlar ve bu unvanı arkadaşlarına hediye etmek istiyorlardı.

Maç başlamadan önce takımdaki en yakın arkadaşı ve gol yolundaki ortağı Palacio genç futbolcuyu rahatlatmak için, "Mauro biz seni gol kralı yapacağız, sen de bütün takımı yemeğe çıkaracaksın; şu senin sevdiğin pizzacıya gideceğiz, anlaştık mı?" dedi gülümseyerek.

"Gol kralı olursam dileyin benden ne dilerseniz, yeter ki o tacı takayım," diye cevap verdi o da heyecanla.

Geçen sezon boyunca yedek kulübesinde bekleyen Icardi bu sezon takımının en değerli oyuncusu olmayı başarmıştı. Artık Palacio'nun yedeği değil hücumdaki partneriydi.

Yeni teknik direktör İtalya efsanesi Roberto Mancini, Galatasaray'daki görevinden ayrılıp Inter'i dev kulüplerin arasına tekrar sokmak için göreve getirilmişti. Teknik direktörün gelir gelmez ilk işi defansif oynayan takımı hücumcu bir oyun anlayışına kavuşturmak oldu. Eski teknik direktörün ilk 11'de çok sık yer vermediği Icardi'yi, Palacio ile beraber oynatıp daha etkili bir hücum hattı yarattı.

Mancini ilk idmana çıktığı gün takımla tanıştıktan sonra Icardi'yi odasına çağırmıştı. Neden çağrıldığını bilmeyen Mauro, "Beni mi görmek istedin patron?" diye endişeyle sormuş ve Mancini bilgisayarının ekranını ona doğru çevirdiğinde orada, attığı ve kaçırdığı gollerle ilgili bir analiz videosu görünce çok şaşırmıştı. Hocasının gelir gelmez kendisiyle ilgili çalışmalar yaptığını görmek onu çok mutlu etmişti. Ne de olsa takımın öncelikli oyuncularından biri değildi.

"Adını en iyilerin yanına yazdırmak ister misin Mauro?" diye sorup devam etti: "İstediğini farz ediyorum ve eğer beni dinleyip söylediklerimi uygularsan beraber yükseliriz, senin başarın beni de başarılı yapar."

Bu toplantıdan sonra sezon sonuna kadar Mauro'nun kötü oynadığı bir maç olmadı. Roberto Mancini gibi bir tecrübeyle çalışmak Mauro için büyük bir fırsat olmuştu. Hocasının kendisine olan güvenini fazlasıyla hissetmesi öz güvenini yükselterek en sonki Empoli maçına kadar yirmi gol atmasını sağlamıştı.

Futbolcu ve teknik direktör arasındaki uyumun başarı getirdiği göz ardı edilemez bir gerçekti; aslında eski teknik direktörü de onun yeteneğinin farkındaydı ama taktik anlayışı yüzünden yeterli süre alamıyordu.

Hatta Mazzarri, Mauro hakkında son dönemlerinde şöyle bir demeç vermişti: "Böyle devam ettiği ve daha uyumlu bir oyuncu hâline geldiği takdirde harika bir futbolcu olacak." Ama Mauro için söylenen sözlerden çok eylemler daha değerliydi. Ve Mancini, Icardi'ye istediği ortamı vermişti.

Bir hafta Luca Toni atsa diğer hafta Mauro iki gol atıyordu. Sonra da tam tersi oluyordu. Sezon böyle böyle ilerledi. Kıyasıya bir yarış vardı âdeta. Mauro son iki hafta Juventus ve Genoa'ya attığı gollerle azalan ümitlerini yeniden alevlendirmişti.

Babası maç sabahı onu arayarak, "Beş yaşında sahaya çıktığın ilk anı düşünüyorum da küçücük ayaklarına ilk krampon giydirdiğimde olabileceğin adamı hayal etmiştim. O adam bir kraldı, sana inanıyoruz oğlum, bugün olmazsa başka sezon olur, kendini strese sokma ama yapabileceğinin en iyisini yap, bizi tekrar gururlandır," diyerek moral verdi.

Büyük maç sabahlarında babasıyla konuşmak onun için bir totem gibiydi. Kendisine şans getirdiğine inanıyordu.

Yirmi senedir Inter sadece bir gol kralı çıkarmıştı. O da dünyanın en iyi üç futbolcusundan biri olarak görülen Zlatan Ibrahimovic'ti. Kulüp yönetimi bu yüzden Mauro'nun bu ödülü kazanmasını çok önemsiyordu. Serie A'nın en genç gol krallarından olmak büyük bir onurdu. Ve tabii ki Icardi'nin değerine değer katacaktı; bu da kulübün potansiyel bir satışta kasasını doldurabileceği anlamına geliyordu.

Sampdoria'ya yüksek sayılabilecek bir ödeme yaptıklarında teknik direktör, yönetimin gönlüne su serpmişti, "Göreceksiniz, Mauro bu paranın hakkını fazlasıyla verecek, çok daha fazlasını kazandıracak," demişti güven verici bir edayla. Ne kadar haklı olduğunu gelecek günler gösterecekti.

İşte o an gelip çattı ve ilk 11'ler sahaya çıktı. Orta saha çizgisinde santra yapmak için Mauro ve Palacio topun başına geçtiler. O sırada takımın hırçın oyuncusu Gary Medel tribünleri ayaklandırmak için el kol hareketleri yapıyordu. Mauro'nun hemen arkasında oynayan Hernanes, "Son idmanda çalıştıklarımızı unutma ve gerisini bana bırak," dedi son bir hatırlatma olarak. Icardi'nin dokunuşuyla başlayan oyunda tek kale oynayan Inter, Empoli'yi âdeta sahadan silmişti. Sağdan soldan ataklarla durmadan gol arıyordu. Herkesin tek bir amacı vardı; topu Icardi'yle doğru yerde buluşturmak.

Birçok gol pozisyonunu Empoli kalecisi Bassi mucize kurtarışlarla önlediğinde ilk yarı golsüz beraberlikle sonuçlandı. Soyunma odasına giderken Mauro'nun endişesi ve sabırsızlığı tavan yapmıştı.

"Elinizden geleni yaptığınızı biliyorum ama neden

bir türlü doğru vuruşu yakalayamadığımı anlamıyorum. Artık benim için son 45 dakika, bu taraftar için gol atmalıyım," diye bağırdı kendine öfkelenerek.

Takımın Japon oyuncusu Yuto Nagatomo da bir anda Japonca bağırmaya başladı; bu onun bazı özel maçlarda yaptığı bir motivasyon denemesiydi, böylece oyunculara kendilerini samuray gibi hissettiriyordu.

Buna ilk defa şahit olan Teknik Direktör Mancini kahkahayı bastı. "Dikkat edin de oynadığınız sporun futbol olduğunu sahada unutmayın, hakemin kırmızı kart çıkarmaktan çekineceğini zannetmem," dedi temkinli bir şekilde.

Samuray motivasyonu her zamanki gibi Inter'in imdadına yetişti. İkinci yarı başlar başlamaz Mauro kaleciyle karşı karşıya kaldı ama açısına güvenemeyip sağında gördüğü arkadaşı Palacio'ya *al da at* dercesine bir asist yaptı.

"Bu senin hakkındı kardeşim, bugün tek misyonumuz sensin," dedi golü atan Palacio.

O sırada Medel de şöyle bağırıyordu: "Haydi beyler, Mauro'nun iki gole ihtiyacı var!"

Inter sahada kırmızı görmüş boğayı andıran bir ruh hâlindeydi. Ve beş dakika bile geçmeden, ilk gole benzer bir pozisyonda kaleciyle karşı karşıya kalan Mauro bu sefer onu affetmedi.

Luca Toni dün Juventus'a bir gol atmıştı, bu da Mauro'nun ona yetişmek için tek bir gole ihtiyacı kaldığını gösteriyordu.

"Bir tane yetmez, Luca'yı geçeceksin, iki gol daha atacaksın Mauro," dedi golün pasını veren Kovacic.

Takım o kadar istekliydi ki defansif önlemleri tam anlamıyla bir kenara bırakmıştı. Bu durumu affetmeyen Empoli de maçı bir anda 2-2'ye getirdi. Icardi bu durumun sebebinin kendisi olduğunu bilse de vazgeçmek tabirini kelime dağarcığından çıkardığında henüz yeni yetme bir oyuncuydu. Daha yazması gereken bir hikâyesi vardı.

Maç iki tarafa da gidip geliyordu; boş kaleye kaçan goller, iki kalede de yaşanan tehlikeler izleyenlerin ağzını açık bırakmıştı. Çünkü Serie A özellikle disiplini ve defansif anlayışıyla öne çıkan bir futbol anlayışına sahipti.

Art arda kaçan gollerden sonra Mauro bir asist daha yaptı ve takımını öne geçirdi. Empoli bu golden sonra kendini toparlayamadı ve beklenen gol 77. dakikada geldi. Hernanes'in ince pasında kendini ofsayttan kurtaran Arjantinli sağ köşeye çok temiz bir vuruş yaptı ve kaleci Bassi'nin bakışları arasında top filelerle buluştu.

GOLLL!

Tribünler öyle coşmuştu ki neredeyse sahaya ineceklerdi. Kalan dakikalarda Interli futbolcular bir gol daha atmak için çalışsalar da kendi kalelerine yedikleri golden sonra daha fazlasını yapmaya nefesleri yetmedi ve maç Inter üstünlüğüyle 4-3 tamamlandı.

Ligin son maçında belki şampiyonluk kazanamamışlardı ama onların artık bir gol kralı vardı. Icardi sahaya gelen çocukları ve eşiyle Inter ve Arjantin bayrakları açarak gol krallığını doyasıya kutladı.

Hem Icardi hem Luca Toni yirmi iki gol atarak 2014-2015 senesinde ender görülen bir şekilde gol krallığını paylaştılar. Toni için bunun bir daha gerçekleşmesi çok zordu. Ama yirmi iki yaşında Serie A'nın en genç gol krallarından biri olan Mauro için bu sadece çok izlenen gişe rekortmeni bir filmin fragmanını izletmek gibiydi. Zira kendisinin artık yeni bir unvanı vardı. Sadece İtalya Ligi gol kralları için kullanılan 'Capocannoniere' lakabının yeni sahibiydi. Ayrıca sezon sonu açıklanan Serie A En İyi 11 arasında yer bulmuştu.

Küçük prens artık bir kral olmuştu. Yani kralların farklı sorumlulukları olacağını yaşayıp görme zamanı da gelmişti.

8

KAPTAN

Eylül 2015,
Giuseppe Meazza Stadı, Milano, İtalya
Inter-Milan

"Boynuz kulağı geçermiş Mauro, yedek kalmama üzülsem de senin adına çok seviniyorum kaptan," dedi biraz buruk şekilde Palacio.

"Herkes zamanı gelince oynayacak, bunu ilk geldiğimde bana sen öğretmiştin, sayende takıma alışmam kısa sürdü," dedi Kaptan Icardi.

Ne var ki Mancini büyük Milano derbisinin ilk 11'ini açıkladığında Palacio yine yedekte kaldığını görmüştü; sezon başından beri formasını yeni transfer Jovetic'e kaptırmıştı.

Inter geçen seneki kötü gidişat yüzünden büyük bir yapılanmaya gitmişti. Icardi'nin liderliğinde yepyeni bir Inter kadrosu oluşturulmuş ve herkesi şaşırtan bir kararla kaptanlık pazubendi tecrübeli İtalyan Andrea Ranocchia'dan alınıp yirmi iki yaşındaki Arjantinli gol kralına verilmişti.

Mancini, Mauro'nun geçen sezonki gol krallığından sonra takımına liderlik edeceğine kanaat getirmişti. Sezon öncesi kampa giderlerken kararını takıma ve yönetime bildirip bir basın toplantısı düzenlemiş ve orada şöyle söylemişti:

"Henüz yirmi iki yaşında ama Serie A Altın Ayakkabı ödülünü kazandı ve ceza sahasında inanılmaz tehlikeler yaratıyor. Neredeyse her iki denemesinden biri golle sonuçlanıyor ve bu da ona Inter'in son elli yılının en genç kaptanlığını kazandırdı. Aslında bu hem bir ödül hem büyük bir sorumluluk, umarım üstesinden gelecektir. Hepimiz onda liderlik ruhu olduğunu biliyoruz."

Basın mensuplarıysa hemen şu soruyu yöneltmişlerdi: "Çok gol atması kaptanlık yapabilmesi için yeterli mi Sayın Mancini?"

Deneyimli teknik adamsa meraklarını şöyle giderdi: "Mauro gerçek bir profesyonel ve çok çalışkan; konsantrasyonu yüksek ve oyunu iyi okuyor, genç olsa da saha içindeki ve saha dışındaki olgunluğu çok etkileyici. Golcü bir oyuncu olmasına rağmen asist yapmayı da ihmal etmiyor, asla bencil davranmıyor ve bu özellikleri onu daha da değerli kılıyor," diyerek oyuncusuna olan güveninin yüksek olduğunu bir kez daha gösterdi.

2015-2016 sezonu başlarken yıldızlar geçidini andıran bir kadro kurulmuştu. Birçok ülkeden farklı oyuncular transfer edilmişti. Melo, Perisic, Jovetic, Kondogbia gibi dünya çapında tanınan oyunculara liderlik yapmak gerçekten zor bir iş olacaktı. Çoğu kendinden yaşça büyük, çok daha tecrübeli oyunculardı bunlar. Çok değil bundan dört ay önce gol krallığını ilan ettiği Empoli maçındaki kadrodan sadece kaleci Handanovic ve Medel, kendisiyle birlikte yeni kadroda yer bulabilmişlerdi.

Sezona kendi sahasında oynadığı ve 1-0 kazandığı Atalanta maçıyla iyi başlayan Inter, ikinci maçında da ligin taze takımı Carpi'yi deplasmanda 2-1 yenmişti. Atalanta maçı ayrıca Icardi'nin kaptan olarak kazandığı ilk maç olma özelliğini taşıyordu.

Sırada şehrin diğer takımı, bir asrı aşkındır ezeli rakipleri Milan'la önemli bir maçları vardı. Yeni kadrosuyla şampiyonluk hedefine doğru yola çıkan Inter için bu maç gövde gösterisi niteliğindeydi.

Tarihte ilk defa 1909 yılında oynanan 'Derby della Madonnina' kırmızılarla mavilerin savaşı olarak bilinir ve İtalya'nın en önemli müsabakalarından biridir. Günler öncesinden Milano halkı bu maç için geri sayıma geçer.

Öte yandan bu maç Mauro Icardi'nin bir derbiye ilk

defa kaptan olarak çıkması açısından da ayrı bir önem taşıyordu. Mauro bu konudaki rüştünü ispat etmeye kararlıydı, hiçbir hedefi olmazsa bu oyunu oynamanın bir anlamı da kalmazdı. Gol kralı olmuştu olmasına ama hâlâ şampiyonluk yaşamamıştı. Derbiler kazanmak, şampiyonluk kupaları kaldırmak, Şampiyonlar Ligi müziğini dinlemek ve millî takımda oynamak istiyordu. Ama sabırlı olması gerektiğini öğrenmişti; her şeyin bir sırası vardı, önce taraftara bir Milan galibiyeti yaşatmak istiyordu.

Maç günü 'Nerazzuri' taraftar grubu Milano sokaklarını meşalelerle alev alev aydınlatmıştı. Stadı günler öncesinde panayıra çevirip pankartlarla süslemişlerdi. 'Kaptan bizi şampiyon yap', 'Inter'in aslanı Icardi' gibi pankartlarla Arjantinli genç kaptanı motive etmek istiyorlardı.

Takım ısınmaya çıktığında kulakları sağır eden bir tezahürat tüm oyuncuları büyülemişti. Sezon başı Granada'dan transfer edilen genç stoper Murillo, "Ben hayatımda böyle bir atmosfer görmedim, heyecandan bacaklarım titriyor kaptan," dedi ürkek bir ses tonuyla.

Icardi, Murillo'yu cesaretlendirmek için, "Onları derinliklerinde hisset, kendi sahamızda oynarken sana güç verdiklerini göreceksin. İlk derbinin tadını çıkar," dedi sanki ondan yaşça büyükmüşçesine.

Bu diyalog Mancini'nin onu neden kaptan yaptığının özeti gibiydi zira Murillo ve Icardi aynı yaştalardı ama karakterleri bambaşkaydı.

"Murillo'nun dediği kadar var aslında, iki sezondur böyle bir kalabalık gördüğümü hatırlamıyorum," dedi Icardi takımın bir diğer eskisi Handanovic'e.

"Hazır ol kaptan, tribüne ilk seni çağıracaklar," dedi Handanovic de Icardi'ye ve tribünlerden desibel rekoru kıracak bir haykırış yükseldi: "Buraya buraya büyük kaptan buraya! Ooooo Mauro Icardi!!!"

Çok değil bundan birkaç ay önce otuz bin seyirci ortalamasına sahip Inter'i bu maçta yaklaşık seksen bin taraftar desteklemeye gelmişti. İnsan, hayatı boyunca böyle bir sevgi seline layık olmak için çok şey yapardı ama Mauro'nun onlar için gol atması yetmişti. Geçen sezonlarda birçok isimden sonra tribünlere çağrılan Mauro artık açılışı yapıyordu. Yavaşça tribünlere yönelip yumruk şovunu yaptı ve taraftarlarını 90 dakikalık bir şölene hazırladı.

"Hafta boyu konuştuk, hazırlandık, analiz ettik. Ne yapmanız gerektiğini biliyorsunuz," dedi Mancini takımına sahaya çıkmadan önce.

Ve işte o an gelip çatmıştı, seksen bini aşkın taraftar tek bir ağızdan Inter marşları söyleyerek takımına hoş geldin diyordu.

Kulübün eski efsaneleri Eto'o ve Shevchenko gibi isimler takımlarına destek vermek için tribünlerde yerini almıştı. Kaptan Icardi maçın başlama vuruşu için hakemin yanında yerini aldı.

Milan kaptanı Montolivo, "Centilmen bir maç olsun Mauro, tansiyonun yükselmesine izin vermeyelim," diyerek ona şans diledi.

"Sorun çıkmaması için söz verebilirim ama tansiyonunuzu yükseltmeyeceğime söz veremem," diyerek gözdağı verdi o da kendine has muzip tarzıyla.

Maç beklenildiği gibi kıyasıya bir mücadeleyle başladı. Ligin ilk iki maçında takımının ligdeki üç golünü atan Jovetic uzaktan şutlarla Milan kalesini yokladı. Icardi ise Milan defansının sıkı markajında topla buluşmakta zorlanıyordu; ona özel önlemler alındığı belliydi. İlk yarının sonlarına doğru defans oyuncularını ilk defa geçerek kaleciyle karşı karşıya kaldı ama kaleci Diego Lopez sol ayağının ucuyla topu kornere çeldi. Böylece ilk yarı golsüz sonuçlandı.

Soyunma odasında Mancini konuşma yapmayarak sadece, "Kaptan, takım senin. Maç sonunda galibiyet için buluşuruz," dedi ve dışarı çıktı.

Kaptan Icardi de, "Beyler, bu benim kaptan olarak çıktığım ilk Milan maçı, bir çoğunuz için de Inter adına oynadığınız ilk derbi, hadi çocuklarımıza anlatacağımız bir son yazalım," diyerek takımı coşturdu.

Maçın kilit isimlerinden eski Galatasaraylı Melo tribünleri el kol hareketleriyle oyuna dâhil ediyordu.

İkinci yarı akın akın Milan kalesine yüklenen Inter, taraftarının da desteğiyle sanki 12 kişi oynuyordu. Bu baskı nihayet sonuç verdi ve Guarin'in uzaktan şutuyla Inter 1-0 öne geçti. Guarin hemen kaptanına koştu ve tribünlere beraber gidip Inter flamasını öptüler.

İlerleyen dakikalarda oyuna sonradan giren İtalya'nın yaramaz çocuğu Balotelli etkili şutlarıyla neredeyse Inter'in başına bela açıyordu. Ama kaptanın önderliğinde Inter, Milan'ı mağlup edip ligde üçte üç yapmayı başardı.

Sezonun kalanında Icardi attığı gollerle takımını sırtlamaya devam etti. Serie A'daki yüzüncü maçına kasım ayında Frosinone karşısında çıkan Icardi, bu maçta da gol atarak unutulmazlar arasına girmeyi başardı.

Ünü artık İtalya sınırlarını çoktan aşmıştı. Hatta saygın gazetelerden biri olan *The Guardian* onu dünyanın en iyi 100 futbolcusu arasında göstermişti.

Ama bu onun için yeterli değildi. O, 100 sayısının önce ilk sıfırını sonra da ikinci sıfırını silmek istiyordu. Onun hayali bir numara olmaktı!

"Gelecek bizim ellerimizde;
biz kendi kaderimizin efendileriyiz."

9

DEVLER ARENASI

Eylül 2018,
Giuseppe Meazza Stadyumu, Milano, İtalya
Şampiyonlar Ligi Grup B, 1. Hafta Maçı
Inter-Tottenham

"Yıllardır bu anı bekliyorsun, sonuna kadar keyfini çıkar. Fazlasıyla hak ettin ama bunu biraz da bana borçlusun," diyerek takıldı Mauro'ya Inter'in son Teknik Direktörü Luciano Spaletti.

"Haklısın patron, sırf bu müziği dinlemek için çok fazla enerji sarf etmem gerekti ama senin katkın da yadsınamaz," dedi artık olgunluğunun zirvesindeki Kaptan Icardi. Kulaklarına dolan melodi Şampiyonlar Ligi'nin efsanevi bestesiydi. Dünya üzerinde bu melodiyi tanımayan yoktu.

Icardi kalitesindeki bir futbolcunun ilk Şampiyonlar Ligi maçına çıkmak için yirmi altı yaşına kadar beklemesi çok sık rastlanan bir durum değildi. Ama İtalyan Ligi'nde Icardi'nin oldukça etkili olan oyunu bile Inter'e istediği sonuçları ve başarıları bir türlü getirememişti.

Mauro bu dönemde taraftarların sevdiği nadir futbolculardan biri oldu. Aksi zaten mümkün değildi. Yine de Icardi'nin forma giydiği altı sezon boyunca Milano temsilcisi Inter, ligde dördüncü sıranın üzerine çıkamadı ve tek bir kupa bile kazanamadı.

Ancak Icardi bu periyotta iki gol krallığı kazanmıştı. İkinci gol krallığını geçen sezon yine bir İtalyan futbolcu olan Ciro Immobile ile paylaşmıştı. 29 gol attığı bu sezonda bir türlü gol atamadığı Milan'ı da boş geçmemiş, kırmızılara öyle bir hüsran yaşatmıştı ki Milan taraftarları hâlâ kendilerine gelememişlerdi.

O gece için kariyerinin en değerli gecesi diyen Icardi, söz konusu maçta üç gol birden atarak hat-trick yapmıştı. Icardi ilk transfer olduğunda ona ağabeylik yapan, kendisi gibi Arjantinli olan Diego Milito'dan sonra bunu başaran tek oyuncu olma ayrıcalığını da kazanmıştı.

Maç bittikten sonra Icardi'yi arayan Milito, "Gözyaşlarımı tutamadım, seni ilk izlediğimde daha bir çocuktun, etrafımdakilere çok büyük golcü olacak demiştim. Beni yanıltmadın," diyerek tebrik etti. Bu gol krallığıyla Serie A'daki 100 gol barajını da geçerek tarih sayfalarındaki yerini almıştı. Mauro'yu transfer eden kulüp başkanı Erick Thohir bu başarıya kayıtsız kalmayıp ona jest olarak bir araba bile hediye etmişti. Çünkü Icardi'nin üst seviye performansı Inter'i yıllar sonra Şampiyonlar Ligi sahnesine taşımıştı.

Senelerdir katılmaya hak kazanamadıkları Şampiyonlar Ligi'ne gitmelerinde elbette teknik direktörleri Luciano Spaletti'nin stratejik futbol anlayışı da etkili olmuştu.

"Benim oynattığım sistemde her şey üçgenlerle ilgilidir, sadece geometrimi anlayacak ve bunu uygulayacak zeki oyunculara ihtiyacım var," demişti göreve başladığı ilk günlerde.

Başarı için istikrar çok mühimdi ama Inter camiasının artık sabrı tükenmişti. Çok da mazi sayılmayacak bir geçmişte Jose Mourinho önderliğinde kazanmadık kupa bırakmamışlardı. Ama şimdi daha önce kazandıkları Şampiyonlar Ligi'ne katılmakta bile zorlandıkları için neredeyse senede bir teknik direktör değiştirmeye başlamışlardı.

Mazzarri ve Mancini'den sonra aradığını bulamayan kulüp, Hollanda efsanesi Frank de Boer ve Stefano Pioli ile çalışmıştı ama değişmeyen tek şey Inter'in başarısızlığı ve Icardi'nin büyük başarıları olmuştu. Spaletti önderliğinde lige kötü bir başlangıç yapan Inter için Şampiyonlar Ligi'nin ilk maçı işte bu yüzden çok büyük bir önem teşkil ediyordu.

Inter taraftarı artık kupa istiyordu. Bütün hafta takımın idman sahasının önünde âdeta kamp kurarak oyunculara hem enerji hem de motivasyon yaratıyorlardı.

"Tottenham'ı yenmek zorundayız kaptan, beraberlik bile bizim için yıkım olur," dedi son idmandan sonra kaleci Handanovic.

"Bu benim Şampiyonlar Ligi'ndeki ilk maçım, gol atma işini bana bırak. Sen gol yememeye bak dostum," dedi Icardi şakayla karışık.

Ama karşılarında Premier Lig'de Arsenal, Liverpool, Chelsea gibi takımları gerisinde bırakıp üçüncü olmuş Şampiyonlar Ligi gediklisi bir takım vardı ve işleri kolay değildi.

Inter'in Icardi'si varsa Tottenham'ın da Harry Kane gibi uluslararası bir yıldızı vardı. İngilizlerin altın çocuğu olarak bilinen Kane ve Icardi aynı yaştaydılar ve gençliklerinden itibaren büyük bir rekabet içerisindeydiler. Daha sonra Inter'e transfer olacak Eriksen de Icardi ve arkadaşlarının başını ağrıtabilecek bir oyuncuydu.

O gün gelip çattığında Icardi kendine şans getirdiğini düşündüğü bütün ritüellerini uyguladı. Onun için büyük maçlardan önce uyku diye bir şey yoktu. Bütün gece Tottenham defansıyla ilgili hazırlanmış analiz videolarını izledi ve onların zayıf noktalarını, manevralarını, tabiri caizse parmak uçlarına varacak kadar her ayrıntılarını aklına kazıdı.

Tottenham teknik direktörü yine bir Arjantinli olan Mauricio Pochettino maç öncesi düzenlenen basın toplantısında, "Icardi'nin bütün maçlarını izlemiş olabilirim; o, ceza sahasının içinde âdeta bir dâhiye dönüşüyor. Tek isteğim onun mümkün olduğunca kaleciyle karşı karşıya kalmamasını dilemektir," diyerek ona olan saygısını göstermiş oldu. Kaderin cilvesi denilecek bir şekilde gelecekte Icardi'nin teknik direktörü olduğundaysa ona yeteri kadar süre vermeyecekti.

Soyunma odası konuşmasından sonra oyuncular iğne atsan yere düşmeyecek kalabalıktaki stadyumu gördüklerinde taraftarın kötü sonuçlara rağmen takımlarına sahip çıktıklarını anladılar ve çok duygulandılar. Herkes İtalya Ligi'ndeki sonuçları rafa kaldırıp sahanın ortasındaki Şampiyonlar Ligi logosuna odaklanmıştı.

Tüyleri diken diken eden efsanevi müzik çalmaya başladığında zaman durmuştu sanki; dünya doksan dakikalığına bu 22 adama odaklanmıştı. Icardi sevinç gözyaşlarını içine atıp bu anın tadını çıkarmak istedi. *Carpe Diem** *Mauro, Carpe Diem*, dedi içinden.

Maç başlamadan son kez arkadaşlarına bağırıp coşturdu: "Bizim takımımız bu kupayı daha önce kazandı ama onların tarihinde böyle bir başarı yok. Avrupa

---

*Ed. N.: Anı yaşa.

şampiyonu olmak bizim kaderimizde var. Haydi başkanımıza ve taraftarımıza neden burada olduğumuzu hatırlatalım kardeşlerim!"

Stoper Miranda, "Bugün Kane'e adım bile attırmayacağım, haydi beyler!" diyerek ateşi körükledi. Kendilerini âdeta arenadaki gladyatörler gibi hissetmişlerdi.

Maça taraftarın yoğun desteğiyle başlayan Inter yakalanabilecek her fırsatı yakalamasına rağmen bir türlü Hollandalı kaleci Vorm'u geçemedi. İlk yarı bitmeden ender gelişen Tottenham ataklarından birinde Kane kaleciyi de geçmesine rağmen boş kaleye topu yuvarlayamamıştı. Stadyum tam anlamıyla bir anda buz kesmişti. Soğuk terler döken Inter taraftarı ilk yarının golsüz sonuçlanmasıyla biraz olsun rahatlamıştı.

İkinci yarı, ne yapıp edip kazanması gereken Inter için skandal bir şekilde başladı. Maç başında verdiği sözü o dakikaya kadar tutan Miranda, futbolun adaletsizliğine maruz kalmış ve Eriksen'in cılız şutu kendisine çarparak yön değiştirip seke seke Inter fileleriyle buluştuğunda taraftarlarda âdeta bir soğuk duş etkisi yaratmıştı.

Miranda'nın golden sonra yere çöktüğünü gören Icardi, koşarak arkadaşını kaldırdı ve "Daha kırk dakikamız var, bu bize yeter de artar. Sana söz gol atacağım kardeşim," diyerek arkadaşına moral vermişti.

Kaptanlık pazubendi sadece kola takılan bir aksesuar değildir, kaptanlık aynı zamanda sahadaki on arkadaşına saha içi teknik direktörlük yapmaktır. Ve Mauro bu maçta bunu bir kez daha herkese gösteriyordu.

Ancak dakikalar tükenirken ihtiyaç duydukları o gol bir türlü gelmiyordu. Kendi sahanda bu şartlarda oynamak bazen destek yerine köstek de olabiliyordu çünkü taraftar homurdanmaya başladığında sahadaki stresle baş etmek rakiple baş etmekten daha zor olabiliyordu.

Altmış bini aşkın kişinin uğultuları arasında 84. dakikayı bulan Inter'de pozisyon yaratmak artık zorlaşmıştı çünkü Tottenham kadrosu kalenin önünde âdeta bir duvar örmüştü.

85. dakikada takımın yeni sol beki Kanadalı Asamoah soldan ceza sahası dışına bir orta kesti ve kaleye uzak bir noktadan topa gelişine vuran Icardi, Tottenham duvarını yerle bir etti.

GOLL!

Taraftarlar bu golle resmen mest olmuştu. Mauro topu saklamaya çalışan Tottenham kalecisinden topu alarak onu santraya götürdü ve "Haydi beyler, beş dakikamız kaldı, bu işi bitireceğiz," diye bağırıp takımını ateşledi.

Pozisyon üzerine pozisyon bulan Inter aradığı golü 90+3'te maçın bitimine saniyeler kala yakaladı ve Icardi Şampiyonlar Ligi'ndeki ilk maçını kazanıp galibiyet golüne imzasını attı. Hocası Spaletti'yi ve yönetimi bir süre daha taraftar baskısından kurtarmıştı ama bu uzun sürmeyecekti.

Inter bundan birkaç ay sonra PSV Eindhoven, Barcelona ve Tottenham'ın da bulunduğu grubu averaj farkıyla üçüncü tamamlayıp Şampiyonlar Ligi'ne veda edecekti. Ancak Icardi hiçbir rakibini boş geçmeyerek hem Barcelona'ya hem de PSV'ye gollerini sıralamıştı. Takımının bu ligde attığı altı golün dördünün altına imzasını atarak da önemli bir katkı sağlamıştı.

Ancak Inter'in bu gidişatı Icardi'nin kariyerinin özeti gibiydi ve bu durum artık kafasını karıştırmaya başlamıştı. Çok sevdiği Milano ile arasındaki bağların gevşemesinin en büyük sebebi onun artık bir kupa kaldırmak için daha fazla sabredememesiydi.

O sezon ligi yine dördüncü tamamlayan Inter, Spaletti ile yolları ayırınca aynı zamanda menajeri de olan eşini aradı ve "Artık şampiyon olmak istiyorum, Wanda," dedi.

10

MİLLÎ HEYECAN

Kasım 2018,
Malvinas Argentinas Stadyumu, Arjantin
Dostluk Maçı, Arjantin-Meksika

Icardi bu yola çıktığında birçok hedefi olmasına rağmen en büyük hayali millî takımın vazgeçilmezi olup idolü Batistuta gibi çocukların kahramanı hâline gelmekti. Her ne kadar Inter performansıyla Arjantinli çocukların odalarını posterleriyle süslese de içinde bir şeylerin hep eksik kaldığını hissediyordu.

Bir gün antrenmandan sonra babasıyla yemeğe çıktıklarında, "Neden böyle oluyor baba? Anlamıyorum, millî takımda oynayabilmek için daha ne yapmalıyım? İtalya'da kaç tane Arjantinli gol kralı var ki?" diyerek dert yandı.

"Bazen her şeye aynı anda sahip olamayız," dedi babası. "Sen elinden geleni yaptın, gerisi için üzülmenin, kendini hırpalamanın kimseye faydası yok," diyerek teselli etti onu.

Arjantin millî takım kadrosunun açıklanmasına çok az kalmıştı. Herkes Mauro'yu pozitif ve enerjik olarak bilirdi ama ne zaman millî takım kadroları açıklanma zamanı yaklaşsa etrafındakiler onu tanıyamazdı. Millî takımda oynamak Icardi'nin belki de kariyeri boyunca içinde kalacaktı.

Dönemin İtalya milli takım teknik direktörü onu İtalya için oynatmayı çok istemişti. Ama o, İtalya için rahatlıkla oynayabilecekken Arjantin hayalinden asla vazgeçmedi. Genel kariyerine bakacak olursak millî takım için umut vadeden bir oyuncuydu.

İlk olarak 2012 yılında Sampdoria'daki iyi performansının karşılığını almış ve Arjantin 20 yaş altı millî futbol takımının Almanya maçı için kadroya çağrılmıştı. Bundan beş gün sonraysa Japonya genç takımına karşı ilk golünü atarak beş maç süren genç millî takım macerasını üç golle tamamlamıştı. Artık gözü yükseklerdeydi ve Mauro bunun için çok beklemeyecekti.

Dönemin millî takım antrenörü Alejandro Sabella 2013 Ekim'de genç Icardi'nin performansını görmezden gelmedi ve onu Dünya Kupası elemelerinin belirleyici maçları için A takım kadrosuna çağırdı.

Icardi için her şey rüya gibi gidiyordu; Inter'e transfer olmuş, millî takıma çağrılmıştı, neredeyse kendini durdurulamaz hissediyordu. Ama işler hayal ettiği gibi gitmeyecekti. İlk maçta Peru'ya karşı dakika bile alamayan Mauro büyük bir hayal kırıklığı yaşamıştı.

Otele döndüklerinde takımın yıldızlarından Di María, "Burayı kendi kulübün gibi düşünme Mauro, Arjantin'in en iyileri burada. Hırslı olduğunu biliyorum ama forvette sadece bir isme yer var ve kutsal formana surat asarak o mevkiyi kazanamazsın," diyerek genç futbolcuyu uyardı.

Mauro, Di María'nın söylediklerine kulak verse de bu konudaki iddiasını sürdürecekti çünkü o forma için en iyi adayın kendisi olduğuna yürekten inanıyordu.

Peru maçından sadece dört gün sonra Uruguay maçında yine yedek kulübesinde başlayan Mauro, hayalini kurduğu o anı yaşamak için tam 83 dakika bekledi. Maçın son sekiz dakikasında 3-2 yenik durumdaki takımının gol ümidi olarak Fernandez'in yerine oyuna girmişti. Hücuma hareketlilik getirip pozisyonlara girmiş olsa da sonucu değiştirmeye süre yetmemişti. Ama o mağlubiyete rağmen bulutların üzerinde gibiydi. Beş yaşında futbol oynamaya ilk başladığı zamanlardaki o çocuğa seslenmek istiyordu: "Başardın Mauro, Arjantin için oynuyorsun!"

İtalya'da formunu her geçen gün yükselten Icardi, Inter'de düzenli olarak forma şansı bulmuşken Brezilya'da düzenlenecek 2014 Dünya Kupası'nı dört gözle bekliyordu. Brezilya, Arjantin'in futbol konusundaki ezeli rakibi olarak görülürdü ve Inter'deki en iyi arkadaşı, akıl hocası, ağabeyi Palacio uzun zamandır millî takımda oynuyordu. Bu yüzden Mauro belki de en çok onun başını tatlı tatlı ağrıtıyordu.

İyi bir performans sergilediği her lig maçından sonra takım otobüsünde Palacio'nun yanına gidip aynı soruyu soruyordu: "Sence Brezilya kadrosuna davet edilecek miyim, Palacio?"

İlk yirmi soruşunda, "Bilmiyorum, ben bile olacak mıyım ondan bile emin değilim, bunu sadece Tanrı bilir," diyerek şakayla karışık cevap veren Palacio artık Icardi yaklaştığında kulaklığını takıp uyuma numarası yaparak onu görmezden geliyordu. Sonra da dayanamayıp, "Göreceğiz Mauro, yaşayıp göreceğiz," deyip genç arkadaşını rahatlatıyordu.

Sonunda kadro açıklandığında Palacio kadrodaydı ama Icardi ismini görememişti. Messi, Aguero, Higuain, Di María gibi tecrübeli yıldızlarla dolu kadro 2014 Dünya Kupası'nda finale kadar yükselecek ama kupayı Almanya'ya kaptıracaktı.

Icardi turnuva boyunca çocukluğundaki gibi her maçı Maradona formasını giyerek tam bir taraftar coşkusuyla izledi. Orada olmadığı için çok üzülüyordu ama bunu kabullenmişti, henüz yirmi bir yaşındaydı ve önünde uzun bir kariyer vardı; elbet bir gün sıra ona da gelecekti.

Ne var ki Arjantin kariyeri düşündüğü gibi ilerlemiyordu. Lige verilen millî maç araları onun için tam bir eziyete dönüşmeye başlamıştı. Gol kralı olduğu senenin sonunda Şili'de düzenlenen Copa América 2015 için davet bekledi. Ama Messi'li Arjantin'in tekrar finalde kaybettiği turnuvada Mauro yine kadroda değildi.

Arjantin halkı uzun zamandır kupa göremiyordu ve taraftarların da artık sabrı tükenmişti. Gol yollarında eksiklik olduğunu düşünen taraftarlar Serie A gol kralının neden kadroda olmadığını bir türlü anlayamıyordu. Uzun bir süre sonra 2017'deki dostluk maçı için kadroya çağrılsa da oyuna bile girememişti.

Arjantin halkının baskısına daha fazla karşı koyamayan Teknik Direktör Sampaoli de bundan birkaç ay sonra 2018 Rusya Dünya Kupası eleme maçları için onu kadroya çağırdı. Aynı kasabada doğduğu ama bir türlü aynı kadroda yer alamadığı Messi'yle ilk defa ilk on birde Venezuela karşısında forma şansı buldu ve rakip takımın defans oyuncusu Feltscher'in kendi kalesine gol atmasına sebep olarak skora katkıda bulundu.

Babası ikinci gol krallığından sonra oğlunu aradı ve "Rusya'da da gol kralı olacaksın, annen rüyasında görmüş. Çok az kaldı oğlum. Messi'yle beraber Dünya Kupası'nı Arjantin'e getireceksin," dedi.

"Bunun için önce o kadroda olmam lazım," dedi

Mauro umutsuz bir şekilde. Çünkü onların aksine kendisi bir şeylerin yanlış gittiğini hissediyordu.

Birçok teknik direktör değişikliği olmuş ama hiçbir büyük turnuvaya davet edilmemişti. Artık zirvedeydi, şimdi olmazsa ne zamandı; bunu kimse bilmiyordu. Daha da kötüsü Mauro'nun hissettiği şey gerçekleşti ve Rusya'da düzenlenecek 2018 Dünya Kupası'nın kadrosunda yine kendine yer bulamadı.

Teknik direktör Sampaoli yöneltilen sorulara net bir cevap vermedi ve kimse bu kararın sebebini öğrenemedi. Nitekim Arjantin 2018'deki Dünya Kupası'na çok erken veda etti ve teknik direktör de görevinden ayrıldı.

"Artık bunu umursamıyorum Wanda, millî takım başarılı olsun yeter, ben Arjantin'in çocuğuyum. Sonuna kadar onları destekleyeceğim. Yalnızca millî takım için bir gol bile atamadığıma üzülüyorum," dedi karısına karamsar bir şekilde.

Artık millî kariyerinin bittiğini düşünürken yeni Teknik Direktör Lionel Scaloni kadroda büyük değişiklikler yaparak Icardi'yi dostluk maçları için kadroya davet etti. Mauro'nun millî takımına karşı asla bir kırgınlığı olamazdı ve çağrıldığında küçük bir çocuğun coşkusuyla koşa koşa kampa katıldı. Ama Messi, Aguero gibi yıldızların olmadığı millî takımda ilk on birde oynadığı Kolombiya ve Brezilya maçlarında bir türlü arzuladığı golü bulamadı.

En sevdiği ay olan Kasım'ın yirmi birinde, Buenos Aires'te, Meksika karşısında ilk on birde yer bulan Mauro sahaya çıktığında yüzüne vuran rüzgârın tadını çıkararak tribünlere baktı. *Ne kadar çok şey kaçırdık, bambaşka şeyler yaşayabilirdik,* dedi içinden. Bir şeylerin yanlış gittiğini hep biliyordu ama o hiç küsmedi, hep bekledi.

Takım arkadaşı Lamela, "Bakıyorum da hayallere daldın Mauro. Bütün sezon Barcelona, Juventus gibi takımlara karşı oynayan birine göre sadece bir dostluk maçı için fazla heyecanlısın," diye takıldı.

"Benim için bu takımda yer almak her zaman çok özel olacak Lamela. Anlayabileceğini sanmıyorum çünkü ben senin gibi bu kadroya sürekli davet edilmiyorum," dedi kırgın bir şekilde.

Lamela yaptığı gafı sonradan fark ederek, "Dostum sadece şaka yapıyordum, senin ne kadar büyük bir oyuncu olduğunu hepimiz biliyoruz, bütün takım yanında," diyerek moral vermek istedi. Ama asıl desteği maç başladığında vereceğini bilmiyordu.

Icardi, Arjantin millî marşını öyle içten okudu ki görenler Dünya Kupası final maçına çıktığını zannederdi. Belki de bu maçın önemini iliklerinde hissetmişti. Maç başlar başlamaz daha oyuncular henüz maça ısınamamışken Lamela, Mauro'ya çok da tehlikeli görünmeyen bir pas attı. Icardi topu ayağına aldığı anda Maradona'nın, Batistuta'nın ve bütün çocukluk kahramanlarının gücünün arkasında olduğunu hissetti. Önce birini sonra ikinci Meksika defansını çalımladı ve çok da güvenmediği sol ayak içiyle şutunu çekti. Kaleye baktığında topun filelerle buluştuğunu gördü.

GOL!!!

Sevinçten âdeta çılgına dönmüştü. Bütün takım arkadaşları onun peşinden gidip kucakladılar. Tüm bunlardan habersiz olan biri, bir hazırlık maçında neden bu kadar sevindiklerini anlayamazdı. Zira Icardi yıllardır bu anı bekliyordu. Ona sorsanız geçen bunca yıl koskoca bir ömür gibi gelmişti. Yirmi altı yaşındaki Icardi sonunda sekizinci millî maçında ilk golünü atmıştı.

Arjantinliler uzun zaman sonra gol yollarındaki sıkıntının çözüleceği konusunda ümitlense de Icardi, Copa América 2019, 2021 ve en önemlisi de 2022'deki Katar Dünya Kupası kadrosunda yine yer almadı. Gol attığı Meksika maçı onun son millî maçı olmuştu.

Spekülasyonlara karşı dik duruşundan hiç taviz vermeden, Arjantin halkını galeyana getirmeden hep aynı cevabı verdi Mauro: "Benim ülkeme, bayrağıma kırılma lüksüm olamaz. Beni davet ederlerse millî takım için elimden geleni fazlasıyla yaparım ama edilmezsem de Arjantin formamı giyip takımım için kırk beş milyonla beraber tezahürat ederim," dedi ve kimseyi de hiçbir zaman zor durumda bırakmak istemedi.

Ailesinin, dostlarının ve en önemlisi de kendisinin bildiği tek gerçek, yarım kalan hikâyesini tamamlama isteğiydi.

II

EYFEL HATIRASI

Ekim 2019, Ali Sami Yen Nef Stadyumu,
İstanbul, Türkiye
Şampiyonlar Ligi, Grup A, 2. Hafta Maçı
Galatasaray - Paris Saint-Germain

"Evimin manzarasını görmelisin anne. İşimi neden bu kadar çok sevdiğimi bir kere daha anladım. Kulüp bana Eyfel Kulesi'nin hemen karşısında muhteşem bir ev bulmuş," dedi keyifle kahvesini yudumlayıp Eyfel'i izlerken.

Annesi de, "Hep Paris'i görmek istemişimdir, en yakın zamanda ziyaretine geleceğiz. Seninle gurur duyuyoruz, Mauro," diye karşılık verdi mutluluk gözyaşları dökerken.

Inter taraftarını gözyaşlarına boğarak flaş bir kararla Ligue 1'in şampiyon takımına kiralanmıştı Icardi.

Paris ekibi geçen sezon Ligue 1'de rekor puan farkıyla şampiyon olmasına ve Şampiyonlar Ligi'nde yıldızlar karması kadrosuna rağmen çeyrek finale bile kalamamıştı. Mbappé, Neymar, Cavani ve Di María gibi oyunculara sahip olan kulüp bir şeylerin eksik olduğunu düşünerek İtalya gol kralını Milano'dan Paris'e getirmeyi kafasına koymuştu.

Yaz boyu süren pazarlıklardan sonra Paris Saint-Germain Başkanı Nasır el-Halifi, Icardi'yi bir seneliğine kiralamış ve Inter'in yeni teknik direktörü Conte de Inter taraftarını yıkan bu haberi şöyle vermişti: "Mauro'yu elli milyon avro satın alma opsiyonuyla PSG'ye kiralamış bulunuyoruz, bu sezon bizimle olmayacak." Böylece Milano takımı gol kralını kaybetmişti. Mauro'nun yerini Belçikalı yıldız Lukaku ile doldurmaya çalışacaklardı.

Paris'e ayak basar basmaz yaptığı ilk açıklamada Mauro, "Milano'yu ve Inter'i çok seviyordum ama kupalar kazanmak için bu seçimi yaptım," demişti.

Takımla çıktığı ilk idmanlarda sanki futbola yeni başlıyormuş gibi hırslı olması da herkesi çok şaşırtıp sevindirmişti. Onu ısrarla takıma dâhil etmek isteyen Teknik Direktör Thomas Tuchel, "Senin için özel bir plan hazırladım Mauro, yeni sistemimin vazgeçilmez bir parçası olacaksın," diye ona güvence vermişti.

PSG başkanı sezon biter bitmez Tuchel'den transfer listesini istediğinde onun sadece Mauro'yu alın demesi yıldız golcüye ne kadar önem verdiğini gösteriyordu. Geçen sezonki Şampiyonlar Ligi'nde elendikleri maçlarda Tuchel'in analizlerine göre bitirici özelliği olan bir forvet eksikliği vardı.

Mauro için maddiyat hiçbir zaman öncelik olmamıştı ama Inter'de kazandığı maaşın iki katı (yedi milyon avro) teklif edildiğinde artık elit futbolcular arasına girdiğine emin olmuştu.

Paris ekibinin on altıncı Arjantinlisi olacak Icardi için sadece küçük bir problem vardı. Mauro, 9 numaralı formayı çok seviyordu ve bu numaranın ona şans getirdiğine inanıyordu. Ama 9 numaralı forma takımın bir diğer yıldızı Cavani'ye aitti.

"Mauro takıma hoş geldin, en iyi olan kazansın," diyerek karşılamıştı onu ilk konuşmasında Cavani. Rekabet ateşini yakmıştı yakmasına ama Icardi daha ikinci maçta hocasından formayı kapmayı başarmıştı. Ligin ilk maçında Strasbourg karşısında yedek kulübesinde başlayıp son yarım saatte oyuna girmişti. Ama bu maç onun için sadece ısınma turuydu.

Dört gün sonra Şampiyonlar Ligi'nde, Real Madrid karşısında kendi sahasında açılış maçını oynayan Paris Saint-Germain 3-0 gibi sansasyonel bir galibiyet almayı başarmıştı. Mauro ilk defa ilk on birde başladığı maçta skora katkı yapamasa da etkili oyunuyla daha ilk maçtan taraftarın kalbini kazanmıştı.

Paris temsilcisi kura çekiminden sonra zor denilebilecek bir gruba düşmüştü. Real Madrid gibi bir dünya devinin dışında daha sonradan formasını giyeceği Galatasaray ve Belçika şampiyonu Club Brugge'le mücadele edeceklerdi. Icardi artık ilk golünü atıp ağları havalandırmak istiyordu.

İstanbul uçağına binerlerken Galatasaray'ın sık sık adını duyduğu bir takım olduğunu düşündü ama gelecekte hayatında ne kadar özel bir yere sahip olacağını henüz bilmiyordu. Kamp yapacakları otele yerleşip yeni arkadaşları Di María ve Mbappé ile konsol oyunu oynayarak streslerini atmaya çalışıyorlardı.

"Hiç Galatasaray stadında oynadın mı Mauro?" diye sordu Di María.

"Hayır, İstanbul'a bile ilk defa geliyorum, daha önce hiç fırsatım olmamıştı. Muhteşem bir şehirmiş," diyerek cevapladı Icardi.

"O zaman yarın gördüklerine çok şaşıracaksın; Galatasaray sahasına 'Türk Cehennemi' diyorlar. Kulaklarını tıkasan iyi edersin çünkü takımlarına inanılmaz destek oluyorlar. Görünce ne demek istediğimi anlayacaksın," diye lafa girdi Mbappé.

Ben Milan, Juventus deplasmanı gördüm, bu kadar anlattıkları ne olabilir ki? diye düşündü Icardi. Sonra dışarıdan hafifçe yaklaşan ve gitgide yükselen bir gürültü duydular. Galatasaray taraftarları, Paris oyuncularını uyutmamak için bütün gece tezahürat yapmaya gelmişti. İşte o zaman Mauro gece boyu neyle baş etmeleri gerektiğini anlamıştı.

"Bu çılgınlık Angel! Hayatımda böyle bir şey görmedim, bir an önce bu maçı bitirmeliyiz," diyerek yakındı Mauro hemşehrisi Di María'ya.

Isınmak için sahaya çıktıklarında öyle bir ıslık ve uğultuyla karşılaşmışlardı ki Parisli oyuncular ısınmayı kısa tutarak soyunma odasına dönmüşlerdi.

Teknik Direktör Tuchel son taktikleri verdikten sonra Mauro'yu kenara çekerek onunla özel bir konuşma yaptı. "PSG'deki ilk golünü bir Şampiyonlar Ligi maçında, hem de böyle bir stadyumda atacağına inanıyorum. Ben formayı sana teslim ettim, karşılığını vermek de senin elinde," dedi hırslı bir şekilde.

Maç başladığında kırk yedi bin taraftar hep bir ağızdan bağırıyordu: "Burası İstanbul, buradan çıkış yok!"

Kadro kalitesi bakımından çok üstün olan Paris için maç hiç de iyi başlamamıştı. Galatasaray'ın yıldız forveti Falcao, Paris defansını sürekli rahatsız ediyordu. İlk maçta Club Brugge'le berabere kalan Galatasaray gruptan çıkmak istiyorsa bu maçı kazanması gerektiğinin farkındaydı ve taraftarını da arkasına alarak maçta yoğun bir baskı kurmaya çalışıyordu.

İlk yarı golsüz biterken Parisli oyuncular böyle bir baskı beklemedikleri için biraz afallamışlardı. Mbappé yedek beklediği maçı kenardan izlerken analiz etme fırsatı bulmuş ve devre arasında Mauro'nun yanına giderek Galatasaray'ın stoperi Luyindama'nın oyuna dalıp çok fazla adam kaçırdığını söylemişti.

"Bu fırsatı değerlendirmelisin Mauro, sana yakın oynuyor ama onu kandırabilirsin," diyerek arkadaşına taktik vermişti.

İkinci yarı başladığında Galatasaray defansı ilk defa top paylaşımı konusunda hata yaptı ve Sarabia'nın pasında Luyindama'nın arkasına kaçan Icardi topu boş kaleye yuvarlayarak takımını öne geçiren golü attığında Galatasaray taraftarını âdeta yıktı. Birkaç dakika sonraysa oyuncu değişikliği tabelasında onun adı parlıyordu, istediği skoru alan Tuchel, Icardi'yi Mbappé'yle değiştirmişti.

"Sana ne demiştim, oyunu iyi okurum," diyerek şakalaştı oyuna girerken Mbappé.

Maçı Icardi'nin golüyle kazanan Fransız ekibi için Şampiyonlar Ligi'nde finale kadar giderken bu yolda en çok zorlandığı rakip Galatasaray olmuştu.

Icardi ve Paris temsilcisi için mükemmel giden sezon bütün dünyayı sarsan COVID pandemisi yüzünden sekteye uğradı. Şampiyonlar Ligi'nde grup birincisi olarak çıkan PSG, Ligue 1'de de Marsilya'nın on iki puan önündeyken bütün maçlar iptal edildi. Fransa Futbol Federasyonu Paris temsilcisini hükmen şampiyon ilan ederken en çok sevinen belki de Icardi olmuştu. Kariyerinde hiç kupa kazanamamış olan Icardi'nin de böylece bu hasreti sona ermiş oldu.

Takımı adına yirmi gol atan kiralık Mauro için alınacak karar çok netti. Sezon sonu Inter'e elli iki milyon avro ödenerek bonservisi alındı. Artık Mauro'nun hedef rotası yeniden çizilmişti, sırada pandemi yüzünden ağustosa ertelenen finalde oynayıp Şampiyonlar Ligi kupasını Eyfel Kulesi'ne getirmek vardı.

12

HOŞ GELDİN MESSİ

Eylül 2021, Parc Des Princes Stadyumu,
Paris, Fransa
PSG-Lyon

"Hoş geldin Lionel, sonunda beraber oynayacak olmamıza çok sevindim. Umarım taraftarların da istediği gibi Şampiyonlar Ligi'ni beraber kazanabiliriz," dedi Icardi, Messi'yi dostça bir tokalaşmayla karşılayarak.

"Sağ ol, bunun için buradayım," dedi Messi temkinli bir şekilde.

Barcelona'nın efsanesi, daha doğrusu bir dünya yıldızı olan Messi kariyerinin başından beri oynadığı İspanya'dan buruk gözyaşlarıyla ayrılıp rekor bir ücretle Paris'in gladyatörlerinin arasındaki yerini almıştı. Mbappé, Neymar, Di María, Icardi derken Messi de gelince rakipler için göz korkutan bir kadro bir araya gelmişti.

Aynı şehrin aynı bölgesi olan Rosario'da doğup büyüyen Icardi ve Messi birlikte oynama şansını birkaç kez yakalasalar da bu durum bir türlü süreklilik kazanmamıştı. Arjantin millî takımına çok fazla davet alamayan Icardi, millî takımda sadece iki maçta Messi'yle aynı sahada bulunmuştu.

Esasında ortak paydaları epey fazlaydı; ikisi de İtalyan kökenliydi, ilk defa 2007 yılında Barcelona'da yolları kesiştiğinde Messi çoktan A takımda formayı kapmış olmasına rağmen Guardiola aynı fırsatı Icardi'ye vermemişti. Aradan geçen on dört yıldan sonra Paris'te beraber oynayacaklarını herhâlde ikisi de tahmin edemezdi.

Mauro ilk transfer olduğu dönemde basına şu açıklamalarda bulunmuştu: "Kariyerimde birinci sınıf bir takımda oynamanın zamanı gelmişti. PSG'de yer almak kariyerimde attığım en büyük adım. Burada harika şeyler yaşayacağımı umuyorum, böylesine yetenekli oyuncularla beraber oynama fikri benim için inanılmaz. Neymar ve Mbappé gibi oyuncuların takım arkadaşı olmaktan gururluyum. Ben bir forvet oyuncusuyum, dolayısıyla gol atmayı severim. Bu kadrodaki inanılmaz yetenekli hücum oyuncularıyla ön tarafta paslaşmak harika olacak. Dünyanın en büyüğü olmamamız için hiçbir sebep göremiyorum." Bu sözleriyle takım arkadaşlarını ve kulübü övüp en büyük kupayı da hedefleri olarak göstermişti. Ama işler Icardi'nin istediği gibi gitmedi.

İlk geldiği sezon hem Fransa Kupası'nı hem de ligi kazandığı gibi Şampiyonlar Ligi'nde finale kadar giden PSG, finalde Bayern Münih'e karşı şanssız bir şekilde kaybederek Avrupa'nın en büyüğü olma fırsatını kaçırmıştı.

Aslında Icardi 26 maçta 20 gol atarak iyi bir performans göstermesine rağmen bir sonraki sezon Mbappé ve Neymar'ın biraz gölgesinde kalmıştı. 2020-2021 sezonunda bu sefer yarı finalde Guardiola'nın Manchester City'sine yarı finalde elenen PSG'li futbolcular, başkanlarının cömertliğinin ve fedakârlığının karşılığını bir türlü verememişlerdi. Zaten Messi de tam da bu sebeple, takımına yeni kupalar kazandırmak için gelmişti.

Daha sonrasında Tuchel'in yerine getirilen Arjantinli Teknik Direktör Mauricio Pochettino'nun takımdaki Arjantinlileri daha iyi motive edeceği düşünülmüştü. Ne var ki sezonun ilk dört maçında ilk on birde oynayan Icardi, Messi'nin gelişiyle formayı yine kaptıracaktı.

Sahip olduğu yüksek istatistiklere rağmen yedek kalmak Icardi'nin hazmedebileceği bir şey değildi. Fransa sokaklarındaki gece yarılarına kadar yürüyüşler, Eyfel Kulesi'nde içtiği kahveler her ne kadar büyülü bir zamana ait gibi gelse de Lyon maçıyla beraber Icardi, Paris'teki geleceğini ilk defa sorgulamaya başlamıştı. Bütün hafta idmanlarda yedek takımda başlatılmak moralini yeterince bozmuştu.

Lyon maçının Ligue 1'de PSG için her daim anlamı büyüktür. Her önemli maçtan önce alışkın olduğu üzere babasıyla konuştu ama bu sefer enerjisi epey düşüktü.

"Sanırım düşündüğüm kadar büyük bir oyuncu değilim, burada beni alternatif oyuncu olarak düşünmeye başladıklarını hissediyorum," dedi ümitsizliğe kapılmış bir ses tonuyla. Paris'e ilk geldiğindeki o ruh hâlinden eser kalmamıştı.

"Hemen kendine gel, seni tanıyamıyorum. Bu sen değilsin, benim oğlum savaşçıdır. Orada olmanın keyfini çıkar sadece. Messi'yle oynama fırsatı yakalayacaksın, sizin uyumunuzu gördüklerinde millî takım kapıları da açılacak," diyerek oğluna tavsiyelerde bulundu.

Icardi artık Messi'yle bir türlü aynı yerde oynayamamalarının bir sebebi olduğunu düşünmeye bile başlamıştı. Bu kadar şanssızlığın tesadüften sayılması pek mümkün değil gibiydi.

Soyunma odasında kadrolar açıklandığında Mauro'ya sürpriz olacak bir durum yoktu. İleri dörtlüde iki Arjantinli vardı; Di María ve Messi, onlara da Neymar ile Mbappé eşlik ediyordu. Arjantinli teknik direktörün, Messi'nin daha geldiği ilk haftadan onu ilk on birde oynatması aslında büyük bir sürpriz de değildi. O bir dünya yıldızıydı ama Icardi de takımın yardımcı oyuncusu olmaya alışık biri değildi.

Kırk yedi bini aşkın taraftar Messi için çılgınlar gibi tezahürat yapıyordu, kendi sahalarında ilk defa onu izleyeceklerdi. Icardi ise yedek kulübesindeki yerini alıp uzun uzun düşüncelere daldı. Elbette ki maçı kazanmak istiyordu ama aklında hep, 'Şimdi sahada olsam' fikriyle oyunu buruk bir şekilde takip ediyordu.

Koskoca 45 dakika sona erdiğinde pozisyona bile girmekte zorlanan Paris ekibi izleyenleri biraz hayal kırıklığına uğratmıştı. Bazen sahada çok fazla komutanın olmasının takım futbolunu olumsuz etkileyebileceğini sezonun kalanında anlayacaklardı.

İkinci yarıda da kısır bir futbol oynanırken PSG'nin yardımına hakem koştu. Verilen penaltıyı gole çeviren Neymar aslında penaltıyı Messi'ye bırakmak istemişti. Herkes Messi'nin ilk golünü atmasını istiyordu.

"Barcelona'dayken sen bana bu iyiliği yapmıştın, şimdi de benim bunun karşılığını ödeme zamanım, Leo. Penaltıyı sen kullan," dedi Neymar, Messi'ye.

"Bu takımın penaltıcısı sensin, hem ilk golümü penaltıdan atmak istemiyorum kardeşim," diyerek topun başından çekildi Messi.

Gelgelelim Icardi hâlâ sahada değildi ve gücünü de

bir türlü sergileyemiyordu. Bununla birlikte Messi'yle de yine aynı anda sahada olamamışlardı.

Bütün yedek kulübesi gibi Icardi de Messi'yle tokalaşıp onu tebrik etti. "Sadece biraz daha zamana ihtiyacın var, Leo," diyerek arkadaşına destek olmayı da ihmal etmedi.

"Bu ben değilim," diyerek aslında kendine kızıyordu Messi. Bir süre yan yana oturup maçı izlediler.

Daha sonra maçın bitmesine beş dakika kalmışken teknik direktör, Di María'yı çıkarıp Icardi'yi sahaya sürdü. "Bol şans Mauro," dedi Di María yorgun bir şekilde.

Sadece beş dakikan olsa da sen en iyisini yaparsın, haydi oğlum, dedi içinden Icardi. Maçın son saniyelerinde Mbappé kendine özgü stiliyle soldan topu sürüp ortayı kestiğinde Icardi de nefis bir kafa vuruşuyla kaleciyle topu ayrı yerlere gönderdi.

GOOLL!!

Cavani'den aldığı 9 numaralı formasını çıkarıp tribünlere koşarken Mbappé ve Neymar da onu omuzlarına aldılar.

Bir oynayıp bir oynamadığı son sezonda Messi'yle aynı anda çok fazla süre almamalarının sebebi insanların kafasında soru işareti yaratıyordu. Her ne kadar sakatlıklarını tam atlatamamış olsa da asıl sorun başkaydı.

Bundan iki sezon önce final oynadığı, geçen sezon da yarı final oynadığı Şampiyonlar Ligi'nde bu sezon Messi'ye rağmen çeyrek final bile göremeyeceklerdi. Çok fazla yıldızdan ziyade takım oyuncularının arasına serpiştirilmiş yıldızlarla daha başarılı sonuçlar alınacağı aşikâr olsa da fatura teknik direktöre kesildi.

Göreve gelen Christophe Galtier yeni sezon yapılanmasında Icardi'yi yine rotasyonda değerlendirecek gibi görünüyordu. Ancak PSG kariyerini 92 maçta 38 güzel golle süsleyen Icardi yedi de kupa kazanarak Inter'de bir türlü başaramadığı hedefini zaten gerçekleştirmişti. Messi geldikten sonra kolay kolay ilk on birde başlayamadığı PSG'deki son sezonundan sonra vereceği kararsa gayet netti.

Son lig maçından sonra ailesiyle akşam yemeğinde toplandı ve şöyle dedi: "Yeni bir maceraya ne dersiniz? Valizlerinizi hazırlayın, Paris bizim için geride kaldı."

"Nihayetinde önemli olan takımın kazanmasıdır, sadece benim gol atmam değil."

ooredoo
All
LIVE LIMITLESS
All
ACCOR LIVE LIMITLESS

13

AŞKIN OLAYIM

Kasım 2022, Başakşehir Fatih Terim Stadyumu,
İstanbul, Türkiye
Başakşehir-Galatasaray

Aylardır beklenen Dünya Kupası başlamadan ve zorluk derecesi yüksek bir maç olarak görülen Başakşehir maçından önce akıllarda birçok soru işareti olmasına rağmen taraftarların kafalarını yastığa rahat koymalarını sağlayan bir artısı vardı Galatasaray'ın: Adı Mauro, soyadı Icardi.

Aslında Icardi gibi bir futbolcuyu transfer ettiklerinde birçok beklenti de bununla beraber artmıştı Galatasaray adına. Ancak lige oyun ve tempo olarak istedikleri gibi bir başlangıç yapamamanın tedirginliği de mevcuttu. Lig başladıktan altı maç sonra kadroya dâhil olan Icardi'yse tam olarak hazır olmadığı için ilk döneminde beklenen performansından uzak bir görüntü çiziyordu. Sezon başı transferi Seferovic ise takıma bir türlü uyum sağlayamamıştı. Üç forvetle başladığı lig yarışında Galatasaray'ın emektar forveti Gomis yedek olarak düşünüldüğü sezonda attığı kritik son dakika golleriyle takımını tam manasıyla lig yarışında tutuyordu.

İdmanlarda Mauro'yla sık sık şakalaşıp arkadaşını motive eden Gomis, bir hafta önce oynanan Beşiktaş maçından önceki idmanda, "Benden bu kadar dostum, senin kendini hazır hissetmeni yeterince bekledim. Artık sahne senin. Taraftarın uzun zamandır bir futbolcuyu bu kadar bağrına bastığını görmemiştim, onları mutlu et," dedi gülümseyerek.

"Dünya Kupası arasına girmeden kendimi göstermem gerektiğini biliyorum. Galatasaray yöneticilerinin beni PSG'den kiralamak için çok büyük fedakârlıklar yaptığını da biliyorum. Uzun zamandır kendimi hiç bu kadar formda hissetmemiştim," diyerek takım arkadaşını onayladı Icardi.

Bu seneki Dünya Kupası'nın enteresan bir tarafı vardı; genellikle yaz aylarında izlemeye alışık olduğumuz turnuva, aralık ayında oynanacağı için liglere uzun bir süre ara verilecekti. Ve Galatasaray, Beşiktaş maçından önce Fenerbahçe'nin beş, Beşiktaş'ınsa bir puan arkasında takibini sürdürmesine rağmen taraftarlar huzursuzdu. Havalimanında büyük bir izdihamla karşılayıp hoş geldin dedikleri Icardi bir türlü istenen katkıyı ve liderliği gösterememişti.

Galatasaray, Türkiye'de uluslararası bir kupa kazanmış tek Türk kulübü olarak her zaman dünya yıldızlarını transfer eden bir şana sahiptir. Hagi, Popescu, Taffarel, Sneijder, Drogba, Falcao derken bu liste uzadıkça uzar. Taraftar da bu özel adamları kalplerinin başköşesine koyar, ailelerinin bir ferdiymişçesine karşılıksız severler.

İşte Icardi ailesi de Paris'ten ayrılırken birçok büyük bütçeli takımı reddedip Galatasaray'ı seçerek bu ortamı deneyimlemeyi tercih etmişlerdi.

Galatasaray yönetiminden Erden Timur, Paris'e birçok kez giderek Mauro'yu ne kadar istediklerini onlara göstermişti. Juventus, Milan gibi İtalyan devlerini reddedip İstanbul'da boğaz havası almaya karar veren Icardi'ninse aslında peşinde büyük bir rakip daha vardı. Ancak Fenerbahçe'nin teklif ettiği ücrete ve Fenerbahçeli taraftarların sosyal medya hesaplarında gösterdiği yoğun ilgiye rağmen Icardi aslan olmayı seçmişti.

"Vücudumdaki aslan dövmesini gördüklerinde beni daha çok sevecekler baba, İstanbul'a gidiyorum," diyerek kararını bildirdi, kendisine futbolu sevdiren babasına.

"Türkiye'de futbol sevgisi çok başkadır oğlum. Futbola gönül vermiş insanlarla dolup taştığını tüm dünya bilir. Gollerini atmaya başladığında seni kardeşleri, babaları gibi sevecekler."

Icardi hiç vakit kaybetmeden daha önce kısa süreliğine maç için bulunduğu İstanbul ve Türkiye hakkında okuyup araştırmalara başladı.

Ailesinden uzaktı ama onları kalben kendine hep yakın hissediyordu. E-postalarını kontrol ederken, "Kanarya Adaları, Barselona, Cenova, Milano, Paris derken tarihî bir güzellik olan İstanbul'da kralları özendirecek bir hayata sahip olacaksın, kardeşim. Unutma ki biz de seninleymişiz gibi dünyayı geziyor ve hissediyoruz. Bize baklava göndermeyi unutma, Türkiye'de iyi şanslar," mesajını okuduğunda çok duygulandı.

"Hep kendimi iyi hissettiğim yeri tercih ettim. Çoğu kişi Barcelona'dan neden ayrıldığımı bile anlamamıştı. Sadece bana güvenin, orayı çok seveceğiz ve çok sevileceğiz, biz iyi bir ekibiz," dedi ailesine ve hep beraber İstanbul uçağına bindiler.

Taraftarlar heyecandan uçağın İstanbul'a gelişini anbean takip ediyor, havalimanına akın ediyorlardı. Uçakta ona taraftara nasıl üçlü çektireceğini anlatan Erden Timur, "Unutma ki her maç çok önemli ama Beşiktaş ve Fenerbahçe'ye atacağın goller her zaman çok daha değerlidir," diyerek Mauro'yu bilgilendiriyordu.

Uçak gece geç saatlerde İstanbul'a indiğinde ta oradan bile tezahüratları duyan Icardi, "Bu inanılmaz bir şey, bu saate kadar beni mi beklemişler?" diyerek şaşkınlığını dile getirdi.

Ailesiyle geldiği özel uçaktan inip Atatürk Havalimanı'nda taraftarla ilk defa buluşan Icardi'ye hemen sarı kırmızı Galatasaray atkısı hediye ettiler. Yoğun kalabalığa ilk üçlüsünü çektirdikten sonra kulüp kanalına verdiği ilk röportajda, "İki aydır bu anı bekliyordum, çok mutluyum. Nihayet buradayım, şimdilik bir seneliğine gelmiş olsam da biliyorum ki Türkiye'nin en büyük takımıyla büyük başarılar kazanacağız," diyerek coşkusunu belli etti.

Geçen sezon Galatasaray için kâbus gibi geçtiğinden seçime gidilmişti. Hem yeni seçilen Başkan Dursun Özbek hem de Teknik Direktör Okan Buruk yetersiz buldukları kadroyu Icardi'nin yanı sıra Oliveira, Torreira, Mata ve Dries Mertens gibi yıldızlarla güçlendirdiler. Kulüp tesisi Florya Metin Oktay, bir anda eski günlerdeki cazibesine kavuşmuş, Florya'da neşeli günler başlamıştı.

Icardi'den kısa bir süre önce gelen Mertens ise onun gelişine çok heyecanlanmış, "Gerçek olamaz bu, doğru mu? Eğer öyleyse şampiyon olmamamız imkânsıza yakın," diyerek mutluluğunu dile getirmişti.

"İyi bir tekniğe sahip, hızlı, taktiksel olarak zeki, fiziksel olarak güçlü, kafası gibi her iki ayağı da isabetli ve onun bitirici vuruşu. Farklı farklı pek çok gol atabilmesinin yanında takım arkadaşlarına fırsat yaratmak için topsuz oyunu da iyi oynayan bir takım oyuncusu," diyerek tanıttı takım kaptanı Muslera, Icardi'yi. O da yıllarca Lazio kalesini korumuş ve Serie A'ya gönül vermiş bir futbolseverdi. "Böyle dünya yıldızlarına kaptanlık yapmak çok zor olacak," diyerek arkadaşlarıyla şakalaşıyordu.

Tecrübeli teknik direktörlerden Pioli'nin Icardi için, "Kafesteki bir yırtıcı kadar tehlikeli," Paolo Rossi'nin, "Ölümcül bir savaşçı," Luciano Spaletti'nin ise "Kusursuz bir golcü, en karmaşık kapalı savunmaların karşısında bile doğru fırsatı yakalayıp bunu değerlendirebiliyor," yorumları herkes tarafından çok iyi biliniyordu.

Icardi'nin Galatasaray kariyeri Konyaspor maçıyla başladı ama idman eksikliği epey belli oluyordu. Taraftarın kendisine duyduğu güvenin farkında olduğu için de idmanların en fazla çalışanı oydu. Kariyerine yeni başlamış, ispat edecek çok şeyi olan bir futbolcu gibi idmana en erken gelip en geç o çıkıyor, gerçek Icardi'ye ulaşmaya çalışıyordu.

Beşiktaş maçına kadar dört maçta sadece Alanyaspor karşısında gol atan Icardi, Beşiktaş maçında gerçekten de kafesinden salıverilmiş bir aslan edasıyla öyle güzel iki gol attı ki ligdeki bütün takımlara ve kalecilere âdeta gözdağı verdi. Ve İstanbul'a geldiğinden beri beklenen o Icardi imzalı gol sevincini stadyumdaki kırk beş bine, televizyon karşısındaki milyonlara yaşatmayı başardı. Sarı kırmızılıların taraftar grubu Ultraslan'ın yoğun olduğu kale arkasının önüne gidip durdu ve ellerini kulaklarının arkasına koydu.

Sezon boyu onunla anılacak popüler şarkı *Aşkın Olayım* her gol attığında stadyumda son ses çalındı. Galatasaray bu galibiyetle Beşiktaş'ı arkasına alıp ligde üçüncü sıraya kadar yükseldi. Ve uzun bir aradan önce oynayacakları son Başakşehir maçına hafta boyunca yoğun bir konsantrasyonla hazırlanmaya başladılar.

On ikinci hafta geride kaldığında ligin zirvesinde yer alan Fenerbahçe'nin hemen ardında, ikinci basamakta oturan Başakşehir, teknik direktörü Emre Belözoğlu'nun oynattığı olumlu futboluyla herkesi şaşırtıyordu. Galatasaray'ın da eski bir futbolcusu olan teknik adam, kulüpten ayrılış biçimi yüzünden Galatasaray taraftarının sempati beslemediği biri olduğu için de bu maçın ayrı bir önemi vardı. Ayrıca Galatasaray teknik direktörü Okan Buruk da Başakşehir futbol takımına lig tarihindeki tek şampiyonluğu yaşatmış kişi olarak tarihe geçmişti.

Okan Buruk ve Emre Belözoğlu Galatasaray'dayken beraber UEFA kupasını kaldırıp Inter'e aynı anda transfer olmuş ve yıllarca İtalya'da aynı evi paylaşmış iki eski dosttu.

Böyle özel bir maç öncesi son taktikler anlatılırken

Mauro'nun takımdaki en iyi arkadaşlarından olan genç isim Kerem Aktürkoğlu, Icardi'ye Başakşehir stoperi Duarte'nin iki sezondur yaptığı hatalardan bahsetti: "İçimde bir his var, bu hataları nadiren yapıyor ama yine o maçlardan biri olacak Mauro," diyerek bir nevi totem yaptı.

Zor geçeceği düşünülen maç öyle bir başladı ki Kerem'in golüyle çıkan fırtına dinecek gibi durmuyordu. Kameralara koşup kendisiyle özleşen 'Harry Potter' sevincini yapan Kerem, "Sıra sende Mauro," diye seslendi arkadaşına santra yapılmadan önce.

Maçın ilerleyen dakikalarında Kerem'in dediği gerçekleşti ve Başakşehir'in oyuna başlarken yaptığı riskli paslaşmaları presle kıran Galatasaray penaltı kazandı. Topun başına geçen Icardi de Galatasaray'daki ilk penaltı golünü böylece ağlara yolladı: GOL!

İlk deplasman golünü atan Icardi, Başakşehir'in dengesini altüst edince hemen üstüne bir gol daha attılar ve ilk yarıyı 3-0 önde kapattılar.

İkinci yarıda da rakibinin üzerine kara bulut gibi çöken Galatasaray bir kontratak şansı daha yakaladı. Kerem, Icardi'ye *al da at* dercesine bir pas verdi ama Icardi gol atmak yerine Kerem'e topuğuyla öyle bir pas attı ki üç Başakşehirli oyuncuyu gafil avladı ve Kerem boş kalan kaleye net bir vuruş yaptı: Yine GOL!

Golden sonra Icardi'ye koşan Kerem, "O nasıl bir

pastı öyle, herkesi ayakta uyuttun," dedi kahkahalarla. Bu gol onların sezon boyu sürecek uyumlarının ilk tohumuydu. Daha sonra Mertens de bir gol attı. Artık maç bitecek derken Icardi, Kerem'e nefis bir pas daha atınca o da bu ikramı geri çevirmeyerek topu ağlara yolladı. GOL!

Icardi, hakkında söylenilenleri canlı canlı kanıtlıyordu bu maçta. O sadece bir gol kralı değil takım arkadaşlarını besleyen bir oyun lideriydi.

Taraftar bu galibiyetten sonra âdeta mest olmuştu. Bütün gece tesislerin önünde *Aşkın Olayım* şarkısıyla yeni kral Icardi'ye sevgilerini gösteriyorlardı.

Bir seneliğine kiralanan Icardi, yönetime bonservisinin alınmasını rica etmişti bile. Çok net ve kararlı bir şekilde, "Burada kalmak için sabırsızlanıyorum, PSG'ye dönmek istemiyorum. İstanbul'da kendimi dünyanın en iyi futbolcusu gibi hissediyorum. Şampiyon olup Şampiyonlar Ligi'nde Galatasaray için goller atmak istiyorum," diyerek kulübe hissettiği aidiyeti gösterdi.

Bu kritik maçı 7-0 kazanıp Başakşehir'in önüne geçen Galatasaray iki puan önünde olan lider Fenerbahçe'ye de net bir mesaj yollamıştı: "Dünya Kupası'ndan sonra görüşürüz!"

*“İnsanlar beni Batistuta’ya benzetiyor;
o zaten benim idolüm.”*

14

ŞAMPİYON

Haziran 2023, Ali Sami Yen Nef Stadyumu,
İstanbul, Türkiye
Galatasaray-Fenerbahçe

"Üç iki bir, CİMBOMBOM CİMBOMBOM," tezahüratlarıyla hem coştu hem de bütün stadı coşturdu Icardi. Sonra da Ankara Eryaman Stadyumu'ndaki az sayıdaki Galatasaray taraftarına üçlü çektirdi.

"Şampiyonuz Mauro, inanamıyorum sonunda şampiyonuz," dedi ilk şampiyonluğunu yaşayan Kerem Aktürkoğlu.

"Dur daha işimiz bitmedi, haftaya şampiyon olarak Fenerbahçe'yle karşılaşacağız, onları yenersek daha rahat bir tatile çıkarız. Rehavete kapılma dostum," diyerek gülümsedi Mauro.

Tecrübesiyle takım arkadaşlarına akıl hocalığı, kılavuzluk yapmıştı sezon boyunca. Zaten şampiyonluğun şifreleri de bu ayrıntılarda gizliydi.

Stadyumda yerlerini almış, az sayıdaki taraftar belki de dışarıda neler yaşandığını hayal bile edemezdi. 30 Mayıs gecesi Türkiye'nin neredeyse bütün şehirleri sarı kırmızı renklere büründü. Ülkenin dört bir yanında *Aşkın Olayım* şarkısı gecenin sessizliğini bozan hoş bir melodi oldu. Galatasaray ligin bitimine iki hafta kala düşme hattındaki rakibi Ankaragücü'nü Icardi'nin iki gol attığı maçta 4-1 yenerek lig tarihindeki 23. şampiyonluğunu ilan edip ezeli rakiplerine ciddi bir fark attı.

Mauro için parti tüm hızıyla devam ediyordu, her şey tam anlamıyla bir rüya gibiydi. Gazetelerde, 'Mucize Adam Tarih Yazıyor' manşetleri atılıyordu. Form grafiğini sezon sonuna doğru iyice artıran Mauro'ya yetişmek için Formula 1 sürücüsü olmak lazım deseler belki biraz abartı ama yine de doğru olurdu. İstatistikçiler artık onun hızına yetişemiyordu çünkü her hafta yeni bir rekor kırıyordu.

Icardi, Galatasaray tarihinde Baros, Jardel ve hâlihazırda takım arkadaşı olan tecrübeli Gomis'ten sonra 20 gol barajını geçen dördüncü yabancı forvet olmuştu. Spor yorumcuları tarafından takıma çok geç katıldığı için 20 gol atamayacağına dair iddialar bile ortaya atılmıştı ama Icardi'nin kalitesi ve karakteri bütün bu iddiaları kazanmak için gizli silahıydı. Şampiyonluğu kazandıran son iki golüyle beraber üst üste yedi maç gol atarak geçmişin yıldızı Mário Jardel'in altı maçlık serisini geride bırakmayı başarmıştı. Takımının son on golünün sekizini atan Mauro sadece Galatasaray taraftarının değil bütün Türk halkının gönlünü fethetmişti.

Normal şartlarda rakip taraftarlar kendileri için bu kadar sorun yaratan bir oyuncuya antipati besleyebilirlerdi ama Icardi futbol kalitesinin dışında, sahadaki centilmenliği ve sempatik tavırlarıyla Türkiye'nin sevgilisi hâline gelmişti. İç güzelliğini yeniden keşfettiği Galatasaray Stadyumu ve yoğun bir şekilde hissettiği Türk misafirperverliği onun için unutulmaz bir deneyim olmuştu.

Daha bir hafta önce genç takım arkadaşı Kerem'in yaptığı asistten sonra onu onore etmek için omzuna alıp taraftarın karşısına götürmüştü. Bu sefer de son düdük çalıp şampiyonluk ilan edildikten sonra teknik direktörü Okan Buruk'u omuzlarına alıp tribünlere yürüdü. Bir futbolcunun kariyerinde bu tür hareketlere imza atması çok sık rastlanan bir durum değildi ve Mauro'nun bu kadar sevilmesi sadece gollerinden değil mütevazı karakterinden de kaynaklanıyordu.

"Hazır mısın? Umarım yorgun değilsindir çünkü bu gece çok uzun olacak Mauro. Tesiste izdiham varmış, bizi sabaha kadar bekleyeceklerdir," dedi Kaptan Muslera, Ankara'dan İstanbul'a dönüş uçağındayken.

"Bu şampiyonluğu çok uzun zamandır bekliyorum

kaptan, onlara bir sürprizim olacak," dedi Mauro büyük bir coşkuyla.

Florya Metin Oktay Tesisleri, Galatasaray tarihi boyunca şampiyonluklardan sonra taraftarın akınına uğrayan bir mabet gibidir. Dört sezonluk şampiyonluk hasreti bu taraftarın alışık olduğu bir durum değildi, dolayısıyla uzun süredir bu anı bekleyen çok fazla insan vardı.

İstanbul'da Florya'ya giden yollar kilitlendi, trafik durma noktasına geldi. Tesisler dolunca birçok taraftar dışarıda kaldı. Saatlerce şarkılar söyleyip takımın İstanbul'a inişini beklediler. Saat gece üçü bulduğunda insanlar artık kendi aralarında takımın gelmeyeceğini konuşmaya başlamışlardı. Ama gelenek bozulmadı ve uçak İstanbul'a iner inmez oyuncular evlerine gidip dinlenmek yerine tesislere gidip klasikleşmiş balkon kutlamalarına katıldılar.

Taraftarlar oyuncuların gelişiyle âdeta mest oldular. Hep beraber marşlar söylendi, futbolcular, yönetim, taraftarlar tek yürek oldular. Zaten şampiyonluk bu üçgenin harmonisi iyi olmadan kazanılmıyordu. Bütün oyuncular sırayla kutlandı, ilgiye boğuldu ama mikrofonu Icardi aldığında tam bir coşku seli oluştu.

Aylardır taraftar onun için *Aşkın Olayım* şarkısını söylüyordu. Mauro da ellerini kulaklarına götürüp onları konser dinler gibi dinliyordu. Bu sefer bir değişiklik yapmak istemişti. Mauro Türkiye'yi ve Türkçeyi o kadar özümsemişti ki ona atfedilen bu şarkıyı taraftarlara söylemek için Türkçe öğrenmeye karar vermişti. Şarkıyı söylemeye başladığında onu izleyen bazı taraftarların gözlerinden yaşlar akmaya başladı. Yıllarca ülkemizde oynayıp tek kelime bile Türkçe öğrenmeyen sporcuların aksine onun birkaç ayda şarkılar söylemeye başlaması takdir edilesi bir davranıştı.

Sabaha karşı eve geldiğinde tatlı bir yorgunluk içindeydi. Evet, çok mutluydu ama Fenerbahçe maçında da gol atarsa daha da mutlu olacaktı. Kıyasıya bir yarışa girdikleri Fenerbahçe'yi yenerlerse onları ikincilikten üçüncülüğe indirme ihtimalleri oluşacaktı.

Şampiyon Galatasaray'a karşı hem de onların sahalarında oynamak Fenerbahçeli futbolcular için hiç kolay olmayacaktı. Üstelik ilk maçı kendi seyircileri önünde 3-0 kaybetmiş ve öfkeli taraftarlarına bir rövanş borçlu olduklarının da farkındaydılar.

Galatasaray, Türkiye Futbol Federasyonu'na garantiledikleri şampiyonluk kupasını kendi sahasında, Fenerbahçe karşısında kaldırmak için başvuru yapmıştı bile. Spor kamuoyunda Fenerbahçeli futbolcuların ezeli rakiplerini sahaya çıkarken alkışlayıp alkışlamayacakları merak konusu olmuşken 4 Haziran Pazar akşamına geri sayım başladı.

"Arkadaşlar kiralık sözleşmem bugün bitiyor, bir dahaki sezon nerede olacağımı henüz bilmiyorum ama sizinle aynı sahada ter dökmek benim için bir gururdu. Beni böylesine bağrınıza bastığınız için teşekkür ederim," diyerek söz aldı Icardi, Teknik Direktör Okan Buruk soyunma odasında kadroları açıkladıktan sonra.

"Daha çok işimiz var, bu sadece başlangıç. Seni hiçbir yere bırakmıyoruz golcü," dedi yakın arkadaşı Torreira da duygulanarak.

"Önce şu maçı da kazanalım sonra her şeyi konuşuruz, haydi beyler," diyerek bağırdı Icardi arkadaşlarını motive etme gayretiyle.

Stadyumda öyle bir ortam vardı ki Galatasaraylı futbolcular sahada on iki kişi oynayacaklarını iliklerine kadar hissediyordu. Zira Fenerbahçeliler için durum tam tersiydi, sahaya çıktıkları anda birçoğu ne yapacağını bilemez bir hâldeydi.

Hakem ilk düdüğü çaldıktan sonra Galatasaray bu şampiyonluğu ne kadar hak ettiğini gösteren üstün bir oyunla başladı. Fenerbahçe ise Galatasaray'ın hızına yetişmekte zorlanıyordu.

Beklenen gol dakika 28'de genç kanat oyuncusu İtalyan Zaniolo'dan geldi. Çok yüksek potansiyeli olan ama beklenen performansı bu akşama kadar bir türlü gösteremeyen oyuncu Fenerbahçe'ye golünü atıp sezonun son maçında 'Gerçek Galatasaraylı' unvanını aldı.

Tribünler daha ilk andan tabiri caizse karnaval alanına döndü. Sarı kırmızı dumanlar eşliğinde ilk yarının bitişiyle takımlar soyunma odasının yolunu tuttu. İlk yarı Galatasaray'ın 1-0 üstünlüğüyle bitti ama sarı kırmızılı oyuncuların gözlerinden bununla yetinmeyecekleri okunabiliyordu.

İkinci yarı sahaya çıkmadan önce Kaptan Muslera, Icardi'nin kulağına şöyle fısıldadı: "Bütün derbilerde gol attın, bu final maçını boş geçmeyeceksin, değil mi golcü?"

Icardi kaptanına göz kırparak kendine olan güvenini gösterdi. İkinci yarı düdüğü çaldıktan sonra Galatasaray sanki galip durumda değilmiş gibi yoğun baskısına devam etti.

Zaniolo dakikalar 61'i gösterdiğinde kaleciyle karşı karşıya kaldı ama Fenerbahçe defansı Peres'in müdahalesiyle yerde kaldı, hakem tereddüt etmeden Peres'i kırmızı kartla oyundan çıkardı. Fenerbahçe artık tam anlamıyla nakavt olmuştu. Ve dakika 71'i gösterdiğinde korner kazanan Galatasaray bunu Kerem'le kullandı. Gelen korneri ön direkte indiren Abdülkerim Bardakçı bir anda zamanı bükmüş ve âdeta yavaşlatmıştı. Top öyle bir yere düşmüştü ki bütün Fenerbahçe taraftarı gözlerini yumdu. Icardi sol ayağıyla şutunu çektiğinde Fenerbahçe kalecisi topun sadece filelere gittiğini görebildi: GOOLLL!

Tribünlerdeki taraftarlar sevincin verdiği coşkuyla

neredeyse sahaya inecekti. Mauro kendisine atfedilen şarkı eşliğinde klasik gol sevincini yaptı. Sağı, solu, kafası demeden atılabilecek her şekilde her yerde attı ve gol sayısını 23'e çıkardı.

Dakika 78'de İtalyan Zaniolo hafızalara Podolski'yi hatırlatan bir golle farkı üçe çıkardı. Galatasaray taraftarı daha fazla ne isteyebilirdi ki? Hem kendi sahasında hem Şükrü Saraçoğlu'nda Fenerbahçe'yi 3-0'lık net bir skorla mağlup etmekle kalmamış, üstelik şampiyonluk kupasını ezeli rakiplerinin yanında kaldırma şansı bulmuştu.

Galatasaray âdeta eski şanlı günlerine geri dönmüştü. Milyonların Galatasaray taraftarının yerinde olmayı dilediği günler yaşanıyordu. Yönetim taraftarlara maçtan sonra gece boyu sürecek öyle güzel sürprizler hazırlamıştı ki pazartesi hiç kimse işine yorgun gitmeyi umursamıyordu bile.

Ve büyük an gelmişti. Şampiyonluğun baş mimarı teknik ekip, yönetim ve futbolcular sırayla kendi seçtikleri şarkılarla sahanın ortasına çağrılıyordu. Nihayet herkesin beklediği o an geldi ve sezona damga vuran ikili alkışlar eşliğinde mikrofonlarıyla sahaya çıktılar. İkisi de kendi alanlarında yıldız olan şarkıcı Simge ve Galatasaray'ın golcüsü Mauro Icardi düet yaparak *Aşkın Olayım* şarkısını beraber söylediler.

Taraftarlar onlara eşlik ederken belki de Seyrantepe'de desibel rekorları kırılıyordu. Bütün takım koca bir sezonun emeğinin karşılığı olarak şampiyonluk kupasını gurur ve gözyaşları eşliğinde havaya kaldırdı. Mauro ise gece boyu elinde mikrofonla bütün tezahüratlara eşlik etti. Takım arkadaşları onun liderliğini kabul edip bağırlarına basmışlardı âdeta. Çünkü Ali Sami Yen Stadyumu'nun yeni kralının bir sonraki sezon onları terk etmesi ihtimalini kimse hayal bile etmek istemiyordu.

Icardi Galatasaray'ı, Galatasaray Icardi'yi çok sevmişti. Mauro'nun yapılacaklar listesinde ilk madde tamamlanmıştı, ikinci maddeyse Şampiyonlar Ligi'nde gollerini sıralamaktı.

Avrupa Fatihi Galatasaray ait olduğu devler arenası Şampiyonlar Ligi için geri sayıma şimdiden başlamıştı ama kimse Avrupa maçlarında Icardi'siz oynamayı düşünmek istemiyordu. Taraftarlar yönetime tek bir transfer isteğinde bulunuyorlardı. "Kimseyi almayın, Mauro'yu bırakmayın."

Başkan Dursun Özbek ise taraftarına net mesajı verdi: "Icardi herkesin çok sevdiği, son derece beyefendi biri. Ayrıca Galatasaray'ı seven büyük bir golcü. Biz de Icardi'nin Galatasaray'da kalması için çalışmalarımızı yapıyoruz. Erken konuşmadan bütün gücümüzle bunun peşindeyiz. İnşallah iyi bir sonuç alırız."

Yediden yetmişe herkesin sevgilisi Icardi, İstanbul

macerasının ilk kısmını güzel hatıralar, enfes goller, şampiyonluk kupası ve kulağında Şampiyonlar Ligi müziğiyle geride bırakmıştı. Belki de hikâye Icardi için daha yeni başlıyordu.

KULÜP BAŞARILARI

Paris Saint-Germain

- 2019-2020 – Ligue 1 Şampiyonu
- 2019-2020 – Fransa Kupası Şampiyonu
- 2019-2020 – Fransa Lig Kupası Şampiyonu
- 2020-2021 – Fransa Kupası Şampiyonu
- 2020-2021 – Fransa Süper Kupası Şampiyonu
- 2021-2022 – Ligue 1 Şampiyonu

Galatasaray

- 2022-2023 Süper Lig Şampiyonu

BİREYSEL BAŞARILAR

- 2014-2015 Serie A Yılın Takımı
- 2017-2018 Serie A Yılın Takımı
- 2017-2018 Serie A Yılın Golü
- 2017-2018 Serie A Yılın Futbolcusu

İSTATİSTİKLER

GOL KRALI

- 2011-2012 Campionato Primavera Girone A – 19 gol
- 2014-2015 Serie A – 22 gol
- 2017-2018 Serie A – 29 gol

Kulüp	Maç Sayısı	Gol	Asist	Sarı Kart	Sarı Kırmızı Kart	Kırmızı Kart	Oynanan Süre
Inter	219	124	29	10	-	-	17.399'
Paris Saint-Germain	92	38	10	4	-	-	5.139'
Sampdoria Primavera	39	30	-	4	-	-	2.902'
Sampdoria	33	11	4	3	-	-	2.197'
Galatasaray	26	23	8	3	-	-	2.004'
Toplam	409	226	51	24	-	-	29.641'

Galatasaray Başarıları

- 11 yıl sonra Fenerbahçe'ye hem içeride hem de dışarıda gol atan ilk oyuncu oldu.
- 2007-2008 sezonundan sonra Galatasaray formasıyla Süper Lig'de üst üste 8 gol atan ilk oyuncu oldu.

FUTBOLLA NE KADAR İLGİLİSİN?

1. Hangi takımı tutuyorsun?

....

2. Yurt dışında en başarılı bulduğun takım hangisi?

....

3. Eğer futbolcu olsaydın hangi numaralı formayı giymek isterdin?

....

4. Hangi takımda oynamak isterdin?

....

5. En başarılı bulduğun ve hayran olduğun futbolcular kimler?

....

6. Okulunun futbol takımında oynuyor musun?

....

7. Futbol dışında başka bir spor dalıyla ilgileniyor musun? İlgileniyorsan hangisi?

....

8. Futbol senin için yalnızca bir hobi mi yoksa bu alanda profesyonel mi olmak istiyorsun?

....

9. İyi bir futbolcu olduğunu düşünüyor musun?

....

10. Günde/haftada kaç saat antrenman yapıyorsun?

....

BİLGİLERİNİ ÖLÇ

ICARDI'Yİ NE KADAR TANIYORSUN?

1. Icardi altyapı kariyerine hangi takımda başlamıştır?

....

2. Çocukken hayranı olduğu Arjantin millî takım oyuncusu kimdir?

....

3. Beş yaşındayken topla buluştuğu ilk takım hangisidir?

....

4. Barcelona altyapısında oynarken hangi lakabı almıştır?

....

5. Derby della Lanterna olarak bilinen karşılaşma hangi takımlar arasında oynanır?

....

6. Inter'deki ilk golünü hangi takıma karşı atmıştır?

....

7. 2014-2015 yılındaki gol krallığını kimle paylaşmıştır ve kaç gol atmıştır?

....

8. Inter ve Milan derbisinin adı nedir?

....

9. İlk millî maçına hangi ülkenin karşısında, hangi sene çıkmıştır?

....

BİLGİLERİNİ ÖLÇ

10. İlk kupasını kazanmak için hangi takıma transfer olmuştur?

....

11. PSG'de kaç numaralı formayı giymiştir?

....

12. Icardi'nin Süper Lig'de çıktığı ilk maç hangisidir?

....

13. Süper Lig'deki ilk golünü hangi takıma karşı atmıştır?

....

14. Galatasaraylı taraftarların Icardi'ye atfettiği şarkı hangisidir?

....

15. Icardi, Süper Lig boyunca kaç gol atmıştır?

....

Cevaplar son sayfada!

SÖZLÜK

O Cañito: Icardi'nin ince bacakları yüzünden aldığı İspanya günlerindeki lakabı. İspanyolcada "tazı" anlamına gelir.

Serie A: İtalyan futbolunun en üst seviyesine verilen isim. Resmî olarak 1898 yılında başlasa da şimdiki formatıyla 1929 yılında kurulmuştur.

Delle Alpi: Alpler Stadyumu olarak da bilinen İtalya'nın Torino kentinde bulunan futbol ve atletizm mücadelelerine ev sahipliği yapan stadyumdur. Juventus, yeni stadı yapılana kadar ev sahibi maçlarını burada oynamıştır.

Derby della Madonnina: Inter ve Milan karşılaşmalarına verilen addır. Milano Derbisi olarak da bilinir.

Hat-trick: Bir futbolcunun bir maçta peş peşe üç gol atmasına denir. Kelimenin anlamı etimolojik olarak Viktorya Dönemi'ne kadar uzanır ve ilk olarak o dönemdeki sihirbazların şapkalarından üç adet tavşan çıkarmasıyla bu isim ortaya çıkmıştır. 1858 yılında ilk kez H. H. Stephenson adlı bir sporcu için kullanılmıştır. Yazılı spor tarihine geçmesi 1878'i bulmuştur.

Şampiyonlar Ligi: UEFA tarafından düzenlenen ve her yıl UEFA'ya bağlı birinci liglerdeki takımların mücadele ettiği uluslararası futbol turnuvası.

Ligue 1: Fransa'nın en üst düzey futbol ligi. Lig tarihi boyunca 19 farklı takım şampiyonluğa ulaşırken 10 şampiyonluk yaşayan Saint-Étienne ve Paris Saint-Germain lig tarihinin en başarılı takımları konumundadırlar.

Nerazzurri: İtalyanca nero ve azzurri yani siyah ve mavi kelimelerinden türetilmiştir. Inter takımını anmak için kullanılır.

Capocannoniere: Serie A gol krallarına verilen addır.

Altın Ayakkabı: UEFA üyesi ülkelerin birinci seviye ulusal futbol liglerinde sezon içinde attığı golün, lige ait katsayıyla çarpılmasıyla oluşturulan puan sistemine göre en çok puan toplayan futbolculara verilen ödüldür. Ödül, krampon şeklinde bir heykeldir.

Cevaplar

1. Vecindario
2. Gabriel Batistuta
3. Sarratea
4. O Cañito
5. Sampdoria-Genoa
6. Juventus
7. Luca Toni, 22
8. Derby della Madonnina
9. Meksika, 2018
10. PSG
11. 9
12. Konyaspor
13. Alanyaspor
14. Aşkın Olayım
15. 23